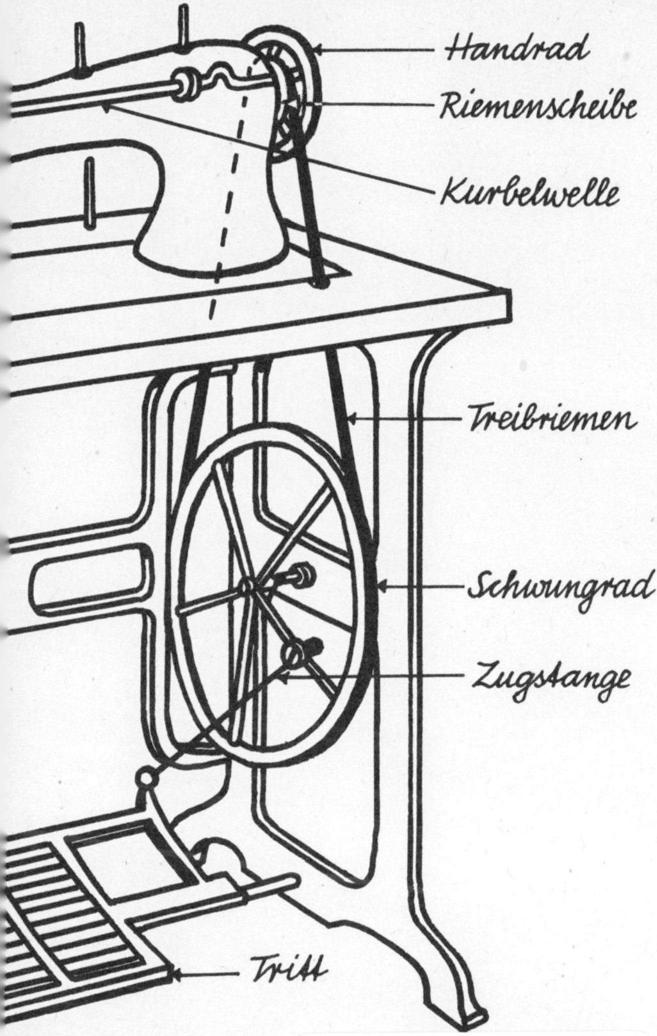
Handrad
Riemenscheibe
Kurbelwelle
Treibriemen
Schwungrad
Zugstange
Tritt

INGE KOCH

# Kleines Handarbeitsbuch für Kinder

Illustrationen von Inge Gürtzig

Der Kinderbuchverlag Berlin

ISBN 3-358-00761-8

# Textile Handarbeiten selbst gestaltet

## Übung macht den Meister

Wer aus Fäden, Geweben oder ähnlichen Materialien textile Dinge anfertigen möchte, sollte sich, bevor er beginnt, mit verschiedenen Handarbeitstechniken vertraut machen. In diesem Buch wie auch in den auf der letzten Seite empfohlenen Büchern und Zeitschriften ist nachzulesen, welche Eigenschaften ein Material hat, wie es zu verarbeiten ist und welche Handarbeitswerkzeuge benötigt werden.

Eine Handarbeit sollte nie in Eile begonnen werden. Man muß sich vorher genau überlegen, wie und wofür das Arbeitsstück gefertigt wird. Man kann ein Arbeitsvorhaben auch einmal mit Geschwistern, Freunden oder Klassenkameraden besprechen, ja eventuell mit ihnen zusammen eine Handarbeit anfertigen, bei der jeder eine bestimmte Aufgabe übernimmt.

Die notwendigen Arbeitsmittel sind zu beschaffen, wie Scheren, Näh-, Strick- und Häkelnadeln. Handarbeitswerkzeuge sind kein Spielzeug. Es besteht Verletzungsgefahr, deshalb ist vorsichtig mit ihnen umzugehen! Scheren lassen sich in einer Schutzhülle, Nähnadeln im Nadelbuch und alle übrigen Handarbeitsutensilien zum

Beispiel in durchsichtigen Plastebeuteln unterbringen. Das notwendige Arbeitsmaterial, wie Wolle, Garne, Stoffe, muß besorgt werden. Hat man alles zusammen, findet das gesamte Handarbeitszubehör am besten in einem Karton oder auch Korb seinen Platz. So findet man schnell alles wieder.

Wichtig ist ausreichendes Licht am Arbeitsplatz. Es sollte von links auf die Handarbeit fallen.

Zum Arbeiten muß man sich bequem hinsetzen, den Oberkörper aufrecht halten. Bei einigen Handarbeiten wie Handnähen, Sticken, Häkeln und Stricken ist es günstig, die Füße auf ein Bänkchen zu stellen. Dadurch ist ein größeres Arbeitsstück, das auf dem Schoß ruht, den Händen näher und leichter zu halten.

Als erste Arbeit wählt man ein einfaches Probestück (siehe Arbeitsbeispiele, Seiten 19, 64, 86, 95, 118). Gelingt es gut, wagt man sich an Schwierigeres heran, vielleicht an hübschen Raumschmuck, an modisches Zubehör, Spielsachen oder Bekleidungsstücke.

Je öfter eine Handarbeit ausgeführt wird, um so geschickter werden die Hände. Wie stolz macht es, die ersten gelungenen Werke zu zeigen oder zu verschenken!

Anfangs können Arbeitsbeschreibungen und Muster als Vorlagen dienen. Wer jedoch zur Meisterschaft gelangen will, sollte nicht beim Nacharbeiten oder Nachahmen von Vorlagen stehenbleiben. Der muß frühzeitig eigene Entwürfe verwirklichen.

Vorwiegend beim Applizieren, Sticken, Weben und Knüpfen kann jeder sein Talent im Gestalten erproben. Das ist schöpferische Arbeit! Sie verlangt Phantasie, aber auch Wissen um Gestaltungsregeln wie dekoratives Anordnen, richtige Material- und Farbwahl. Bald entstehen Dinge, die den persönlichen Geschmack zeigen und durch ihre Einmaligkeit besonderen Wert besitzen.

## Das richtige Material wählen

Das ist einfach gesagt, doch gar nicht leicht getan.

Für ein Platzdeckchen, auf das eine blütenbestickte Borte aufgenäht werden soll, eignet sich ein ungemusterter, glatter, fest gewebter Stoff sehr gut als Untergrund. Soll das Platzdeckchen mit einer Kreuzstichkante versehen werden, ist Stoff mit Aidabindung günstiger. Bei diesem Stoff kann man die Gewebefäden während des Stikkens abzählen.

Unsinnig wäre es, aus Baumwollschulgarn einen Winterschal zu stricken. Der Schal würde kaum wärmen und obendrein nicht gut zum dicken Winteranorak passen. Zum Stricken eignet sich Wolle mit synthetischem Anteil. Baumwollgarn verwendet man besser für Häkelarbeiten wie Topflappen und Spieltiere oder für eine Stickerei. (Garn vor Verarbeitung auf Farbechtheit prüfen!) Beim Nähen einer Schürze ist zu beachten, daß das Material pflegeleicht sein muß. Wird eine einfarbige Schürze durch aufgenähte Motive geschmückt, wählt man den Applizierstoff ebenfalls pflegeleicht und steppt ihn mit dem Zickzackstich der Nähmaschine fest auf. Eine handgenähte Applikation könnte beim häufigen Waschen ausfransen. Brokatstoff zu einer Sportbluse zu verarbeiten wäre ebenso falsch, wie eine Bluse aus bunt bedrucktem Stoff noch zusätzlich mit Stickstichen oder Applikationen zu verzieren.

Wer als Geschenk ein Sofakissen arbeiten will, beachtet vorher, ob es sich harmonisch in den Wohnraum einfügt. Eine rosarote Kissenplatte aus Wollpompons, dazu mit Seide abgefüttert, ist weder schön noch brauchbar. Kissen muß man benutzen können. Aus schlichtem Stoff genäht und etwas verziert, aus mittelstarkem, wollig weichem Garn gestrickt oder gehäkelt, im Farbton zum Sofa passend, wird es gefallen.

Geschmacklos wäre beispielsweise, aus dünnem Baumwollgarn ein niedliches Körbchen zu häkeln, es mit künstlichen Blüten zu füllen und in die Schrankwand zu stellen. Ein Schmutzfänger, mehr nicht. Sinnvoller ließe sich das Garn für eine zierende Kante an einem Folklorekleid nutzen.

Wer einen schmückenden Wandbehang für das Kinderzimmer anfertigen möchte, sollte zum Beispiel eine Stoffapplikation einer Stoffmalerei vorziehen. Auch wenn ein gemaltes Segelboot auf wogenden Wellen an die letzten Ferien an der Ostsee erinnert; das Ergebnis dieser Stoffmalerei könnte kitschig wirken. Das Thema „Ostseeurlaub" kann man auch als Aufnäharbeit dekorativ gestalten. Wichtigste Vorarbeiten dazu sind der eigene Entwurf und die zum Inhalt passende Auswahl der Stoffe, die miteinander verbunden werden sollen. Denn ob der Stoff glatt oder kraus, grob oder fein, glänzend oder matt, bunt oder einfarbig, weich oder hart ist, bringt er den dargestellten Inhalt, also das Thema, unterschiedlich zur Wirkung (siehe ab Seite 46).

An den wenigen Beispielen ist zu erkennen, daß man immer bestrebt sein sollte, das Material entsprechend dem Gestaltungsvorhaben auszuwählen. Textilgestalter sprechen vom materialgerechten Gestalten. Nur wer häufig mit textilen Werkstoffen umgeht, wird selbst die Eigenarten jedes Materials erleben, wird die Strukturen, den Glanz, die Farben und die Beschaffenheit sehen und fühlen lernen.

## Mit passenden Ornamenten schmücken

Nehmen wir an, es soll eine kleine gestickte Kaffeedecke angefertigt werden. Als Untergrund einen einfarbigen, pflegeleichten Stoff zu wählen ist richtig; denn eine Kaffeedecke soll sich leicht und schnell reinigen lassen. Auch beim Entwurf der Stickerei muß die praktische Nutzung der Decke berücksichtigt werden.

Eine Kaffeedecke darf nicht mit Stickerei überladen sein. Alle übrigen Elemente, wie Geschirr, Servietten, Blumen, Kerzen usw., die den Tisch schmücken, kämen nicht zur Geltung. Ungeeignet wäre zum Beispiel eine Blütenkante im dicken Plattstich gerade an der Stelle, an der später die Gedecke stehen Tassen und Teller würden die Stickerei nicht nur verdecken, sondern womöglich auf den Unebenheiten wackeln. Nur den Mittelpunkt der Decke zu besticken wäre gleichfalls ungünstig. Dort steht meist der Kuchenteller. Die schmückende Handarbeit soll während des Kaffeetrinkens anzuschauen sein, den Betrachter erfreuen. Die beste Lösung ist eine Stickerei an der Außenkante, also eine Randbetonung. Ist das Geschirr bekannt, kann man versuchen, die Ornamente für die Decke passend zum Geschirrdekor zu entwerfen.

(Zu beachten ist, daß Geschirr mit reichem Dekor besser auf einer einfarbigen Tischdecke ohne Dekor zur Wirkung kommt.)

Beim Lesen sind wir auf zwei Fremdwörter gestoßen: „Ornament“ und „Dekor“. Beide Begriffe entstammen der lateinischen Sprache. Sie leiten sich von „ornare“ – schmücken, ausstatten, ausrüsten, versehen, putzen und von „decorare“ – schmücken, verzieren ab.

Geschirr, Handarbeiten und viele andere Dinge, die uns umgeben, sind also geschmückt, verziert, dekorativ gestaltet.

Beim dekorativen Gestalten bedeuten:

| | |
|---|---|
| Ornament | einzelnes Verzierungselement |
| Dekor | Gesamtheit des ornamentalen Schmuckes eines Gegenstandes |
| Dekorträger | Gegenstand, auf dem sich der Dekor befindet |

Dekoration Gesamtheit der schmückenden Teile auf einer bestimmten Fläche, in einem bestimmten Raum ...

Bezogen auf die bestickte Kaffeedecke wäre das einzelne Stickmotiv ein Ornament, die gesamte Stickerei der Dekor, die Tischdecke der Dekorträger und der vollständig gedeckte Tisch im Raum die Dekoration (siehe Farbteil „Ornamente“).

● *Grundsätze des dekorativen Gestaltens*

Am Stickereibeispiel wurde darauf hingewiesen, daß man beim Anfertigen von Handarbeiten passende Ornamente finden muß, sie zu Dekors vereint und den Dekorträger damit zweckentsprechend betont. Deshalb sollen einige allgemeine Grundsätze des dekorativen Gestaltens näher erläutert werden (Abb. Seite 9).

1. Es gibt eine große Anzahl von Ornamenten. Sie lassen sich inhaltlich in zwei Gruppen ordnen:

a) ungegenständliche, geometrische Schmuckformen (Grundlage für das Finden eines Schmuckwerkes aus geometrischen Formen kann eine Legearbeit aus Buntpapier sein.)

b) gegenständliche, figürliche Schmuckformen, beispielsweise Formen von Gegenständen, Pflanzen oder Tieren, die nach Vorbildern der Umwelt entstehen. Es ist nicht einfach, diese Schmuckformen zu entwickeln. Wird als Vorbild eine Pflanze gewählt, muß zuerst das Naturobjekt genau betrachtet werden. Man schaut, wie die Blätter und Blüten angeordnet sind, und entdeckt dabei wesentliche Merkmale der Pflanze. Dann wird sie gezeichnet, das Wesentliche der Gestalt hervorgehoben.
Man könnte auch einen Papierfaltschnitt anfertigen, um beispielsweise eine entsprechende ornamentale Form für eine Stickerei zu finden.

Geometrische Formen
Figürliche Formen
Umsetzen von Naturformen
Reihungen
Zentralisierung
Freie Anordnung
Rhythmische Wiederholung von Motiven
Symmetrische Motive
Kontraste

2. Alle Ornamente, geometrische und figürliche, gehen auf zwei Grundformen zurück, die zum unterschiedlichen Betrachten anregen.

a) Grundform ist der Punkt

Diese Ornamente sind in der Form in sich abgeschlossen. Sie ziehen den Blick des Betrachters auf sich und heißen deshalb auch „blickfixierende Ornamente“. Die blickfixierende Grundform verkörpert Ruhe.

b) Grundform ist die Linie

Diese Ornamente sind in der Form nach zwei Seiten abgegrenzt. Sie lenken den Blick des Betrachters in geplante Richtungen und heißen deshalb auch „blickführende Ornamente“.

3. Die verschiedenen Ornamente können auf unterschiedliche Weise zu Dekors angeordnet werden:

a) gebundene oder rhythmische Anordnung

Bei der gebundenen Anordnung werden die Ornamente in gleichen Abständen wiederholt. Möglichkeiten der gebundenen Anordnung sind

– die Reihung

Bei der Grundform der einfachen Reihung liegen die Ornamente nach allen Seiten stets in gleichen Abständen. Diese Reihung kann man vielfach abändern, zum Beispiel Ornamente versetzen, umkehren, überkreuzen, verschränken, Flecht- und Kettenmuster bilden. Wird ein zweites Ornament hinzugezogen, ergeben sich zusätzliche Gestaltungsvarianten.

– die Zentralisierung

Bei der zentralen Anordnung gruppieren sich gleichartige Ornamente um einen gemeinsamen Mittelpunkt. Die Anordnung wirkt entweder umschließend (Kreisform) oder ausstrahlend (Strahlenblüten, Sternornamente).

Die Zentralisierung kann sich auf einzelne Ornamentgruppen eines Dekors beziehen oder auf die gesamte zu gestaltende Fläche.

b) die ungebundene (freie) Anordnung

Bei der ungebundenen Anordnung werden die Ornamente frei auf der Fläche verteilt. Die Abstände zwischen den Ornamenten sind nicht so genau festgelegt. Man kann entweder richtungslose oder richtungsbetonte Muster gestalten.

Eine ungebundene Anordnung zu treffen, verlangt etwas Erfahrung im Gestalten, denn es gibt kein fertiges Rezept. Man muß mit treffsicherem Blick eine Fläche so mit Ornamenten versehen, daß Fläche, Material und Verzierung eine sichtbare harmonische Einheit bilden. Textilgestalter sagen, daß ein Ordnungsgefüge mit innerer Geschlossenheit entstehen muß.

4. Bei der Anordnung der Ornamente zu Dekors werden Gestaltungskräfte wirksam, beispielsweise:

a) Rhythmus

Die Ornamente wiederholen sich einzeln oder in Gruppen in regelmäßigen Abständen.

b) Symmetrie

Die Ornamente zeigen Spiegelgleichheit, wobei die Symmetrieachsen in unterschiedlichen Richtungen liegen können, es auch mehrere Achsen geben kann.

c) Kontraste

Die Ornamente wirken durch Gegensätze, zum Beispiel

| | |
|---|---|
| – der Form | (rund – eckig) |
| – der Größe | (groß – klein) |
| – der Richtung | (waagerecht – senkrecht) |
| – der Menge | (viel – wenig) |
| – der Farbe | (rot – grün) |
| – der Helligkeit | (hell – dunkel) |

d) Akzentuierung

Bestimmte Formteile werden besonders betont.

Es ist natürlich unmöglich, alle genannten Gesetzmäßigkeiten des dekorativen Gestaltens gleichzeitig in einer Arbeit zu verwirklichen. In der Abbildung im Farbteil „Ornamente“ wurde die Kaffeedecke mit ungegenständlichen, geometrischen Formen geschmückt. Die Anordnung der Ornamente erfolgte in Reihung, die Formen wiederholen sich in gleichmäßigen Abständen. Kontrastwirkung kann man besonders durch die Farben des Stoffes und des Stickgarns, passend zur übrigen Dekoration, erreichen.

## Farbenfroh gestalten, doch nicht kunterbunt

Farben sind ein wichtiges dekoratives Gestaltungsmittel. Deshalb dürfen sie beim Planen einer Handarbeit nicht wahllos eingesetzt werden. Da nie die Einzelfarbe allein, sondern die Farben in ihrer Beziehung zueinander wirken, ist zu überlegen, welche Farbzusammenstellung die einzelne Handarbeit haben soll. Weiterhin sind die Farben der Umgebung zu beachten, in der die Handarbeit später ihren Platz finden wird.

Raumtextilien – Tischdecken, Kissen, Vorhänge, Wandbehänge, Teppiche – sollten farblich und im Muster mit dem gesamten Wohnraum harmonieren. Ein farblich in sich abgestimmter Knüpfteppich kommt zum Beispiel auf einer einfarbigen Wand besser zur Geltung als auf einer großgeblümten vielfarbigen Tapete.

Schmuck, Taschen, Schals und Bekleidung sind ebenfalls in der Farbe und im Material untereinander und auf den Typ des Trägers abzustimmen. In der Kleidung bevorzugen viele junge Menschen reine, kräftige Farben, weil sie freundlich und lebhaft wirken, ältere tragen vielleicht gern gedämpfte Farben, die Ruhe ausstrahlen.

Um Farben passend auszuwählen und zusammenzustellen, muß man sich näher mit der Farbenlehre befassen. Dazu einige Hinweise:

- Die mannigfaltigen Farben, die in unserer Umwelt zu sehen sind, lassen sich nach dem Farbton, der Helligkeit und der Reinheit unterscheiden.

a) nach dem Farbton
Rot, Gelb und Blau sind die Grundfarben. Werden je zwei Grundfarben gemischt, entstehen die ersten Mischfarben:
aus Rot und Gelb – Orange
aus Rot und Blau – Violett
aus Blau und Gelb – Grün.

b) nach der Helligkeit
Die einzelnen Farben lassen sich durch Zusatz von Weiß aufhellen und durch Zusatz von Schwarz abdunkeln. Dadurch entstehen die verschiedenen Helligkeitswerte einer Farbe.

c) nach der Reinheit
Durch Mischen der reinen Farben (Gelb, Orange, Purpur, Violett, Blau, Türkis oder Grün) mit Grautönen trüben sich die Farben entsprechend dem Grauanteil.

- Farben beeinflussen den Menschen. Sie wirken heiter oder trüb, kalt oder warm, erregend oder beruhigend. Einige Beispiele, wie Farben erlebt werden: Gelb strahlt sonnige Wärme aus. Grün wirkt beruhigend, ausgleichend. Blau und Türkis sind kalte Farben. Sie wirken kühl und nicht vordergründig. Violett schafft eine feierliche Atmosphäre. Rot ist eine warme Farbe. Sie macht aufmerksam. Warme Farben wirken vordergründig, sie drängen sich vor.
- Beim Anfertigen von Handarbeiten können Farbkontraste (Gegensätze) eingesetzt werden. Auf diese Weise kann man die Dekors wirkungsvoll gestalten und eine farblich harmonische Einheit von Dekor und Dekorträ-

ger erreichen. Wie Farbkontraste zu schaffen sind, zeigen die Beispiele:

a) Durch Kombination der Grundfarben Rot, Gelb und Blau entsteht ein Kontrast.

b) Grund- und Mischfarben stehen im farblichen Kontrast, zum Beispiel

   Rot – Grün
   Blau – Orange
   Violett – Gelb
   Blaugrün – Rotorange
   Gelborange – Blauviolett

c) Auch durch den Einsatz unterschiedlicher Farbmengen von verschiedenen Farbtönen erreicht man differenzierte Kontrastwirkung, beispielsweise wenig Rot inmitten von Grün.

d) Schöne Farbwirkungen werden ebenfalls durch unterschiedliche Farbreinheit erzielt, indem man reine neben trübe Farben setzt, beispielsweise Graugrün neben reines Grün.

e) Man kann mit unterschiedlichen Farbhelligkeiten arbeiten, zum Beispiel Hellrot, mittleres Rot, Dunkelrot (Hell-Dunkel-Kontrast).

f) Ein Warm-Kalt-Kontrast läßt sich durch Gegenüberstellen der kalten Blautöne und der warmen Rottöne gestalten.

g) Durch Farbtonreihen, zum Beispiel

   Blauviolett-Blau-Blaugrün
   Grün-Gelbgrün
   Gelborange-Orange-Orangerot-Rot-Rotviolett,

   oder durch den Dreiklang

   Blau-Rot-Gelb (Grundfarben)
   Orange-Grün-Violett (erste Mischfarben)
   Gelborange-Blaugrün-Rotviolett
   Orangerot-Gelbgrün-Blauviolett

   ergeben sich Gestaltungsmöglichkeiten.

Zusammenfassend läßt sich erkennen, daß beim Anfertigen von Handarbeiten immer versucht werden muß, die Funktion des Gegenstandes mit dem Material, den Formen und den Farben in Einklang zu bringen.

Das sei nochmals allgemein an einer bestickten Kaffeedecke verdeutlicht: Der Gegenstand, die Kaffeedecke, hat die Funktion, die Tischplatte vor Kratzern, Flecken oder vor der heißen Kaffeekanne zu schützen. Gleichzeitig schmückt sie den Tisch mit ihrer Stickerei. Entsprechend sollte das Material pflegeleicht und zum Besticken geeignet sein. Bei der Stoffauswahl ist weiterhin die ornamentale Schmuckform zu berücksichtigen. Sollen fadengebundene Formen gestickt werden, läßt sich grobes Gewebe gut verwenden, auf dem man die Fäden leicht auszählen kann. Werden freie Formen gestickt, eignet sich ein nichtzählbares Gewebe.

Die Ornamente und ihre Anordnung zu Dekors sind in der Form und Größe wiederum mit der Form und Größe der Decke in Übereinstimmung zu bringen. Auf einer runden Decke wird man kaum eckige Kanten sticken, sondern mit Ornamenten der runden Form nachgehen.

Die farbliche Auswahl des Stoffes und des Stickgarns sollte vom Gebrauch der Decke mitbestimmt werden. Eine Kaffeedecke auf dem Gartentisch besticht durch ihre kräftigen Farben. Festliche Stimmung erreicht man durch zarte Farben und glänzendes Material.

Selbst beim Sticken einzelner Ornamente kann durch Farbgebung eine bestimmte Form hervorgehoben werden. Gleiche Stickmuster wirken verschiedenfarbig gestickt sehr unterschiedlich. Ein dunkles Ornament erscheint auf hellem Untergrund kleiner als im Entwurf, ein helles Ornament auf dunklem Grund größer.

Gute Ratschläge für das Gestalten von Handarbeiten kann jeder Lehrer für Kunsterziehung geben, der Material, Formen und Farben zu werten versteht.

# Nähen

## Was man über das Nähen wissen sollte

Beim Nähen wird Nähgut, beispielsweise Stoffteile, Leder oder Felle, durch Nähte miteinander verbunden oder an den Rändern durch bestimmte Nähstiche befestigt.

Seit die Menschen begannen, ihre Körper zum Schutz gegen Witterung und vor Verletzungen mit Fellen und Häuten zu bekleiden, gibt es das Nähen. Sie benutzten dazu Feuersteinmesser und feine Knochennadeln. Als „Nähgarn" verwendeten sie zum Beispiel Tiersehnen.

Als sich das Spinnen und das Weben entwickelten, wurden Gewebe aus Naturrohstoffen wie Flachs, Baumwolle oder Tierhaar verarbeitet. Neben Zweckstichen, die allein dem Zusammennähen und Befestigen dienten, gab es bereits viele Zierstiche zum Schmücken der Näharbeiten.

Die Nähwerkzeuge veränderten sich ebenfalls im Laufe der Zeit mit der Entwicklung der Produktivkräfte. Sie waren aus Bronze, später aus Eisen und Stahl.

Mit dem Entstehen des Handwerks bildete sich der Beruf des Schneiders heraus. Jahrhunderte mußten die Schneider in mühevoller Handarbeit Stich an Stich setzen. Als um das Jahr 1800 die Nähmaschine erfunden wurde, erleichterte sich ihre Arbeit erheblich. Heute gibt es je nach Bauart verschiedene Nähmaschinentypen für Haushalt, Gewerbe oder Industrie. Den großen Fortschritt kann man an einem Vergleich ermessen: Ein flinker Handnäher näht in der Minute nicht mehr als 50 Stiche, Nähmaschinen mit Fußantrieb arbeiten jedoch bis zu 1500, die modernen, mit Elektromotor angetriebenen Nähmaschinen 6000 Stiche und mehr.

Mit der Haushaltsnähmaschine können Stoffteile zusammengenäht, Säume und Knopflöcher gefertigt sowie Knöpfe und Ösen angenäht werden. Außerdem ist es möglich zu stopfen, zu flicken und Ziernähte zu sticken.

Man muß allerdings geübt sein, um sämtliche Arbeitsgänge zu beherrschen. Auch für denjenigen, der nicht selbst einen textilen Gegenstand, ein Kleid oder eine Hose schneidern möchte, sind Grundkenntnisse im Nähen wichtig, weil man reparaturbedürftige Textilien ausbessern und vorhandene Bekleidungsstücke verändern kann.

## Was man zum Nähen benötigt

Zum Nähen werden Stoff, Nähgarn, Nähnadeln, Stecknadeln, Fingerhut, zwei Scheren, Schneiderkreide (oder Rest eines Seifenstückes) und ein Zentimetermaß bereitgelegt. Außerdem braucht man noch vielerlei Zubehör wie Knöpfe, Druckknöpfe, Reißverschlüsse, Gurtband, Gummiband usw. Soll maschinell genäht werden, ist eine Haushaltsnähmaschine notwendig (siehe Einband/Innenseite – vorn).

Stoffe gibt es in verschiedener Qualität, zum Beispiel aus Baumwolle, Leinen, Wolle, Naturseide, Kunstfasern oder aus einem Gemisch von Fasern. Sie sind dicht oder locker gewebt, mehr oder weniger elastisch, dick oder dünn, weich oder fest, gerauht oder glatt usw. Welchen Stoff man zum Nähen auswählt, hängt vom Verwendungszweck des anzufertigenden textilen Gegenstandes ab.

Je nach Stoffart muß der Nähfaden unterschiedlich beschaffen sein. Baumwoll- und leinenhaltige Gewebe, Kunstseide und Zellwolle werden mit Baumwollnähgarn, Seidenstoffe, reine Wollstoffe und Mischgewebe mit geringem synthetischen Anteil mit Nähseide, synthetische Stoffe grundsätzlich mit synthetischem Garn verarbeitet. Knopflochseide findet beim Knopflochschürzen und Knopfannähen Anwendung, aber auch für Ziernähte. Geheftet wird mit nicht so haltbarem Heftgarn. Eine Abstimmung zwischen Stoff und Nähfaden ist wichtig, damit sich die Nahtstellen beim Waschen nicht verziehen. Es gilt, je feiner der Stoff, um so feiner das Garn.

Entsprechend muß die Nadelstärke ausgewählt werden. Ein feines Garn verlangt eine feine Nadel. Dicke Nadeln würden ein zartes Gewebe zerstechen, dünne Nadeln einen dicken Stoff kaum durchdringen. Nähnadeln für das Hand- und Maschinennähen werden in verschiedenen Stärken und Längen angeboten. In einer Nadelmappe sind die Handnähnadeln nach Stärken und Längen sortiert. Zum Heften eignen sich lange Nadeln, zum Säumen, Nahtnähen und Umstechen kürzere.

Bei der Auswahl der Maschinennähnadeln sollte der Rat einer erfahrenen Näherin eingeholt werden.

Als Stecknadeln sind die nichtrostenden, dünnen mit feiner Spitze und Glasköpfen am besten verwendbar.

Ein Fingerhut, der auf den Mittelfinger der rechten Hand paßt, schützt beim Schieben der Nähnadel vor Verletzungen.

Man braucht zwei scharfe Scheren, eine größere zum Zuschneiden des Stoffes, eine kleinere für das Garnschneiden usw.

Mit Hilfe von Schneiderkreide lassen sich Umrisse auf dunklem oder hellem Stoff auftragen. Auch mit einem schmalkantigen Seifenstückrest kann man sehr gut Linien auf Stoff ziehen.

Schließlich ist ein Zentimetermaß wichtig, um beispielsweise Stofflängen oder Abstände ausmessen zu können.

Zum Auftrennen einer Naht sollte man einen handelsüblichen Nahttrenner benutzen.

## Wie wird mit der Hand genäht

Die wichtigsten Arbeitsgänge beim Handnähen werden ausführlich beim Anfertigen einer kleinen Tasche erläutert, die als Taschentuchbehälter, Kosmetik- oder Nähzeugtasche dienen kann.

● ***Arbeitsbeispiel: Kleine Tasche*** **(Abb. Seite 20)**
**Material und Werkzeug:** ein Stück synthetischer Rockstoff oder wenig fransender Stoff (14 cm mal 26 cm), synthetisches Nähgarn, Heftgarn, Näh- und Stecknadeln, Schere, Zentimetermaß, Fingerhut, Packpapier, Lineal, Bleistift.

**Stoff zuschneiden:** Auf Packpapier ein Rechteck von 14 cm mal 26 cm zeichnen, als Schnittmuster ausschneiden, es gerade auf den Stoff stecken und den Stoff zuschneiden.

**Nähfaden abschneiden:** Nähfäden werden stets schräg abgeschnitten, nicht abgerissen. Abgerissene Fäden fädeln sich schwer ein. Außerdem wird das Garn gedehnt und verliert an Haltbarkeit. Man berechne den Heftfaden nicht zu lang, etwa 40 bis 60 cm. Je länger der Faden ist, um so häufiger wird er durch den Stoff gezogen und reißt schließlich infolge der Reibung im Stoff. Eine Faustregel

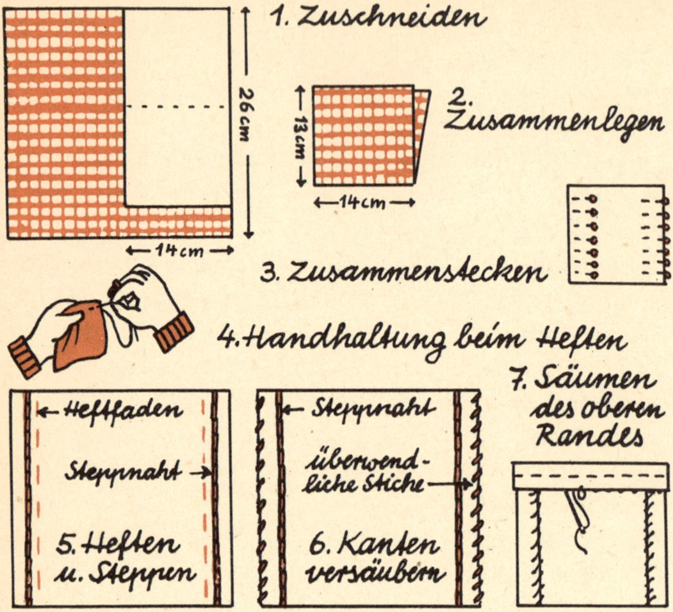


besagt, daß der Faden in „Armlänge des Schneiders" gewählt werden soll.

**Faden einfädeln:** Das Fadenende in der linken Hand halten, es zwischen den Lippen leicht anfeuchten und das Nadelöhr mit der rechten Hand zum Einfädeln über das Fadenende führen. Die linke Hand zieht den Faden durch das Nadelöhr.

**Faden befestigen/Knoten am Fadenende:** Der Faden kann einen Knoten erhalten. Dazu wird das Fadenende einmal um den linken Zeigefinger geschlungen und mit dem linken Daumen festgehalten. Dann rollt man den Faden vom Zeigefinger ab, wobei er sich zur Schlinge dreht (Faden zwirbeln). Schließlich wird er mit der rechten Hand fest angezogen.

Bei vielen Näharbeiten werden Fadenanfang und -ende

mit hin- und hergenähten kleinen Vorstichen befestigt, die man wie kurze Heftstiche arbeitet.

Knoten und Vorstiche dürfen auf der Oberseite des Stoffes nie sichtbar sein. Beim Heften gilt eine Ausnahme, denn die Fäden werden ja wieder entfernt.

**Stoffteile zusammenstecken:** Damit Stoffteile beim Zusammenheften nicht verrutschen, steckt man sie mit Stecknadeln zusammen. Das Stoffrechteck wie ein Buch in der Mitte der langen Seite falten, und zwar so, daß die rechten Stoffseiten sich innen befinden, alle Schnittkanten treffen aufeinander. Den Stoff auf eine feste Unterlage legen und ihn an beiden Seiten, von der oberen Schnittkante beginnend, mit Stecknadeln in Abständen von etwa 2 cm quer zur späteren Naht zusammenstecken. Das Querstecken der Nadeln hat Vorteile, denn man sticht sich beim Heften nicht daran, und man kann sie nach dem Heften mühelos entfernen. Außerdem dehnt sich der Stoff nicht einseitig, wie es beim parallelen Einstechen zur Naht oft passiert. Bei langen Nähten werden die Stecknadeln zuerst an beiden Stoffenden, dann in der Mitte und schließlich in die Zwischenräume eingestochen.

**Handhaltung beim Nähen:** Die Nähnadel wird zwischen Daumen und Zeigefinger der rechten Hand nahe der Spitze festgehalten. Der Mittelfinger hilft beim Schieben der Nadel durch den Stoff (möglichst passenden Fingerhut tragen). Der Stoff liegt zwischen dem Handteller und dem Daumen der linken Hand.

**Heften:** Um zwei Stoffteile vor dem endgültigen Zusammennähen locker zu verbinden oder um Kanten lose umzulegen, heftet man mit Heftstichen (Abb. Seite 22). Im allgemeinen wird von rechts nach links oder von oben nach unten in weiten Stichen auf und ab durch die Stofflagen gearbeitet. Der Heftfaden liegt also einmal über, einmal unter den Stofflagen. Man führt die Nadelspitze

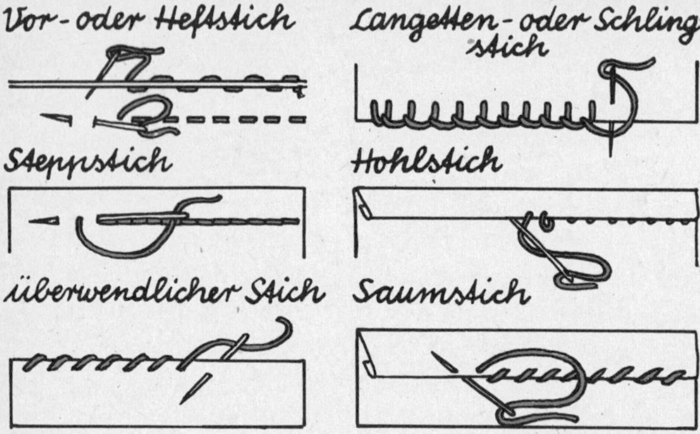


nach dem Einstechen gleich wieder auf die Oberseite des Stoffes. Die rechte Hand näht also stets über dem Stoff. Rutschen Gewebe sehr, sind die Stiche enger zu setzen. Bei dünnen Stoffen sticht man mehrmals hintereinander mit der Nadel in das Gewebe und zieht den Faden erst dann hindurch.

Bei unserem Arbeitsbeispiel wird nun die rechte und die linke Seite 1 cm vom Stoffrand entfernt geheftet, indem die Nähnadel zwischen den Stecknadeln auf und ab durch beide Stofflagen geführt wird. Am Stoffbruch, also dort, wo der Stoff gefaltet wurde, beginnen. Anschließend die Stecknadeln entfernen.

**Naht mit Steppstich steppen:** Eine feste Stoffverbindung entsteht durch die einfache Steppnaht, die $\frac{1}{2}$ bis 1 cm von der Schnittkante entfernt dicht vor oder hinter den Heftfäden angelegt wird.

Der Steppstich (siehe Abb. oben) wird von rechts nach links oder von oben nach unten gearbeitet. Er ist mit einem Vorstich zu beginnen. Dazu die Nadel von der Oberseite durch die Stofflagen einstechen, einige Gewebefäden aufnehmen und die Nadel wieder auf die Oberseite des Stoffes bringen. Dann wird die Nadel nach rechts in die Einstichstelle zurückgeführt und kommt in doppelter Stichlänge links vom Einstich wieder auf die Oberseite. Erneut sticht man in die letzte Ausstichstelle zurück und in doppelter Stichlänge nach links usw.

Nun die Naht wie beschrieben an beiden Seiten unmittelbar am Heftstich entlangsteppen. Achtung! Heftfaden nicht einnähen, er läßt sich sonst schwer entfernen. Fadenanfang und -ende dreimal verstechen. Die Nahtränder sind abschließend nach einer Seite umzubiegen und kurz zu überbügeln. Bei anderen Arbeiten können sie auch zu beiden Seiten auseinandergebogen und ausgebügelt werden.

**Heftfaden entfernen:** Mit der linken Hand den Stoff halten. Die rechte Hand erfaßt das Fadenende mit dem Knoten und zieht den Faden heraus. Sind die Heftfäden sehr lang, schneidet man sie an einigen Stellen durch.

**Schnittkanten mit überwendlichen Stichen versäubern:** Kantenversäuberungen sind notwendig, um Schnittkanten vor dem Ausfransen zu schützen sowie der Näharbeit auch von innen ein sauberes Aussehen zu geben.

Überwendliche Stiche können von links nach rechts und umgekehrt gearbeitet werden (Abb. Seite 22). Zum Versäubern sticht man 4 bis 6 mm vom Schnittrand entfernt von hinten in die Schnittkante, führt die Nadel vorn aus dem Stoff heraus und im Abstand von 1 bis 2 cm hinten wieder in den Stoff hinein. Der Nähfaden umschließt die Schnittkanten schräg. Die einzelnen Kanten wie beschrieben versäubern. Fadenende mit Knoten versehen.

**Schnittkanten säumen mit Hohlstichen:** Säume befestigen Schnittkanten. Sie sollen von rechts nicht sichtbar sein. Eine Ausnahme bilden Ziernähte. Man unterscheidet den einfachen und den doppelten Saum (siehe Seite 26).

Alle Säume sollen gesteckt, möglichst zweifach geheftet und dann festgenäht werden.

Festgesteckt wird quer zur späteren Saumnaht. Man heftet unten am Saumrand und oben an der Umschlagkante.

Im Arbeitsbeispiel die oberen Schnittkanten zweimal knapp zur linken Stoffseite umlegen, etwa ½ cm (Einschlag) und nochmals 1 cm (Umschlag). Es entsteht ein doppelter Saum. Stecken, heften, die Stecknadeln entfernen und mit Hohlstichen (Abb. Seite 22) säumen. Dabei ist zu beachten, daß die beiden Nahtränder in eine Richtung gelegt werden.

Der Hohlstich wird von rechts nach links gearbeitet. Man legt die Bruchkante etwas zurück und faßt mit der Nadel abwechselnd einige Gewebefäden des Grundstoffes und des Saumumschlages. Der Stichabstand beträgt ½ bis 1 cm. Beim Säumen darf der Faden nie fest angezogen werden, sonst zeigt er sich rechts. Fadenende mit Vorstichen oder Knoten befestigen. Dann Heftfäden entfernen und die Arbeit wenden, indem die rechte Stoffseite nach außen gekehrt wird.

**Verschluß anbringen:** Abschließend je nach Verwendung Knopf und Öse (siehe Seiten 28, 29), Druckknöpfe (siehe Seite 29) oder Reißverschluß (siehe Seite 30) befestigen.

● ***Weitere Hinweise zum Nähen mit der Hand***

***Kanten versäubern:*** Kanten können mit überwendlichen Stichen (siehe Seite 23), mit Langettenstichen (siehe Seite 68) und durch Einfassen oder Auszacken der Ränder versäubert werden. Zum Einfassen verwendet man Nahtband (für gerade Schnittkanten), Schrägband, Tresse oder Futterstoffstreifen. Das Nahtband wird auf der rechten Stoffseite an die Schnittkante gelegt, festgesteckt und nahe der Kante festgesteppt. Anschließend biegt man das

Nahtband über die Schnittkante zur linken Stoffseite um, steckt es fest und näht es mit lockeren Hohlstichen fest (siehe Seite 24).

Schrägband kann man selbst aus Stoffresten herstellen. In etwa 3 cm Breite Streifen in schräger Richtung zum Fadenverlauf zuschneiden und anschließend im geraden Fadenverlauf zusammennähen. Die Naht auseinanderbügeln, überstehende Ecken abschneiden. Die Streifen sind beliebig lang zu arbeiten. Beim Verarbeiten darauf achten, daß der Stoff beim Nähen nicht gezogen wird.

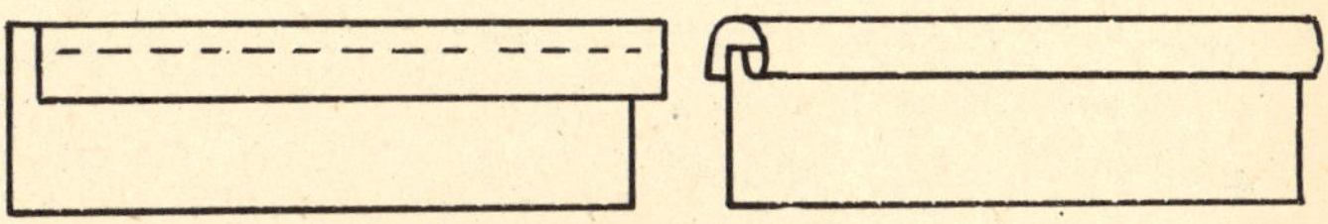

Einfassen mit Schrägband

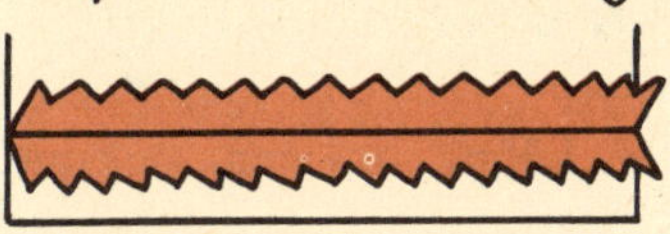

Auszacken der Ränder

Bei Stoffen, die nicht fransen, werden die Schnittkanten mit spitzer Schere im Zickzack eingeschnitten (siehe Abb. oben).

***Saumstich:*** Es gibt den geraden und den schrägen Saumstich. Die Arbeitsrichtung ist bei beiden Stichen von rechts nach links und von oben nach unten.

Beim geraden Saumstich führt man die Nadel vom Saum senkrecht über den Saumbruch und sticht so in den Grundstoff, daß nur etwa 2 Gewebefäden angehoben werden. Das ist notwendig, damit der Saum auf der Oberseite unsichtbar bleibt. Dann wird die Nadel schräg nach links bewegt und wieder in den Saum eingestochen usw.

Beim schrägen Saumstich wird die Nadel statt senkrecht leicht schräg über den Saumbruch geführt (Abb. Seite 22).

*Säume und Saumecken*

**Einfacher Saum** (siehe Abb. unten): Er genügt bei schweren oder wenig fransenden Stoffen. Nach dem Versäubern der Schnittkanten wird der Stoff meist einmal breit umgeschlagen und mit Saum- oder Hohlstichen angenäht.

**Doppelter Saum** (siehe Abb. unten): Das ist der übliche Saum, bei dem der Stoff etwa ½ bis 2 cm auf die linke Seite eingeschlagen (Einschlag), nochmals breiter umgeschlagen (Umschlag) und angenäht wird. Dickere Stoffe sind breiter umzusäumen, bis 8 cm. Auch Kindersachen erhalten einen breiteren Saumeinschlag.

Arbeitsschritte beim Kürzen eines Bekleidungsstückes:

- alten Saum auftrennen
- alten Stoffbruch ausbügeln
- damit der neue Saum nicht zu dick oder zu breit wird, Stoff entsprechend der notwendigen Saumbreite abschneiden
- neuen Saum in gewünschter Länge umlegen, stecken, heften, säumen.

Tip: Bei Röcken Arbeitsstück glatt auf den Tisch legen

einfacher doppelt gehefteter Saum mit Hohlstich

doppelter Saum mit schrägem Saumstich

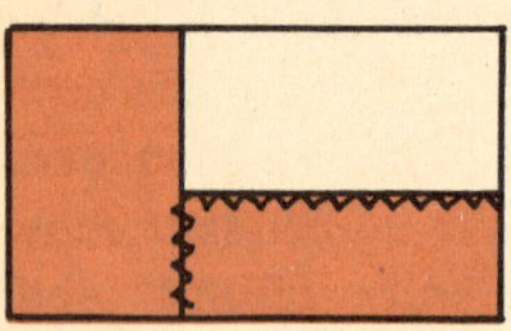

einfache Saumecke

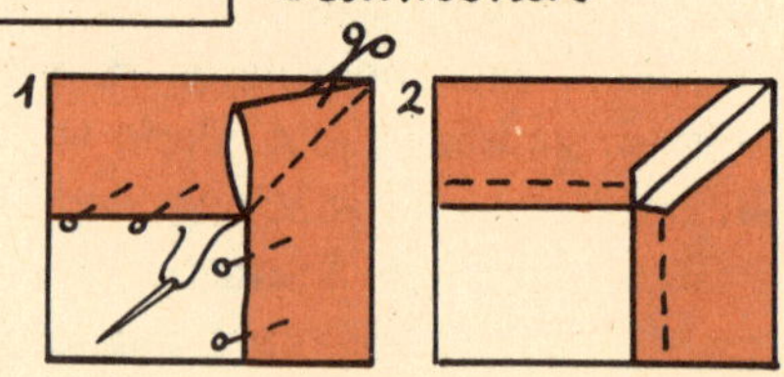


anspruchsvollere Saumecke

und entsprechende Länge von oben mit dem Zentimetermaß abmessen, ringsherum Stecknadeln einstechen. Bei Kleidern ist es günstig, das Kleid anzuziehen. Eine zweite Person mißt die richtige Länge mit dem Lineal vom Fußboden aus ab und steckt die Rocklänge ringsherum mit Stecknadeln ab.

- Hosenumschläge werden mit dem Zentimetermaß von der unteren Schnittkante der Hosenbeine aus gleichmäßig abgemessen.

Arbeitsschritte beim Verlängern eines Bekleidungsstückes:

- alten Saum auftrennen
- alten Stoffbruch ausbügeln
- Saum schmal umlegen, stecken, heften, säumen oder Nahtband zum Versäubern gegensetzen oder farblich passenden Stoff ansetzen und umsäumen.

**Saumecken in einfachen Näharbeiten** (Abb. Seite 26): Bei dünnen Stoffen oder einfachen Arbeitsstücken können die Säume sich an den Ecken überschneiden. Vor dem endgültigen Nähen ist zu überprüfen, ob die mehrfach übereinanderliegenden Stoffteile an den Ecken nicht hinderlich sind. Man versieht zunächst eine Seite mit einem einfachen oder doppelten Saum. Dann wird der Stoff an der danebenliegenden Seite rechtwinklig in Saumbreite umgelegt und entsprechend angenäht.

**Saumecken in anspruchsvollen Näharbeiten** (Abb. Seite 26): Werden an den Ecken Stoffteile herausgeschnitten, erreicht man ein flaches Anliegen der Ecke. Dazu sind die Säume, die die Ecke bilden, durch Kniffen des Ein- und Umschlages zu markieren und wieder zu öffnen. An der Ecke wird der Kreuzungspunkt der Saumumschläge sichtbar. Man legt die Ecke bis zu diesem Punkt im rechten Winkel um, so daß eine schräge Bruchlinie zu sehen ist. Die Ecke wird wieder aufgeschlagen, zur Hälfte übereinandergelegt und entlang der gekniffften schrägen Bruchlinie gesteppt. Dann schneidet man den überstehenden Stoff unweit der Steppnaht ab und glättet die Naht. Jetzt wird der Stoff an der Ecke gewendet, der umzusäumende Stoff also wieder auf die linke Seite umgeschlagen. Wenn sauber gearbeitet wurde, bildet die Ecke einen rechten Winkel.

***Knopf annähen*** (Abb. Seite 29): Knöpfe näht man als Verschluß oder zur Zierde an. Für Verschlüsse ist die Annähstelle des Knopfes zu markieren. Man legt die Stoffteile so übereinander, daß der Stoff mit dem Knopfloch über dem Stoff, an den der Knopf angenäht werden soll, liegt. Dann steckt man bei waagerechten Knopflöchern am vorderen Knopflochende senkrecht eine Stecknadel in den darunterliegenden Stoff. Dort erfolgt der Einstich der Nähnadel von der Vorderseite aus, so daß der Knoten am Fadenende oberseits verbleibt.

Angenäht wird meist mit zweifachem Faden. Die linke Hand hält den Knopf, die rechte führt den Faden dreibis viermal abwechselnd durch die Löcher des Knopfes und den Stoff.

Das Annähen muß locker erfolgen, damit abschließend ein Stiel gearbeitet werden kann. Dieser ist notwendig, um die Stoffe beim Zuknöpfen nicht zu quetschen. Die Stoffdicke bestimmt die Stielhöhe (dünner Stoff – kurzer Stiel, dicker Stoff – langer Stiel).

Wem lockeres Annähen nicht gelingt, der lege ein Streichholz auf den Knopf, umnähe es mit und ziehe es dann heraus. Für den Stiel werden die Annähfäden zwischen Knopf und Stoff mehrfach umwickelt und das Fadenende dreimal in den Stiel verstochen.

Bei mehreren Knöpfen in der Reihe muß auf gleichmäßige Abstände geachtet werden.

Um ein Ausreißen der Stoffe am Knopf zu verhindern, kann man ihn mit einem Gegenknopf annähen. Dazu wird ein Knopf auf und der Gegenknopf unter den Stoff

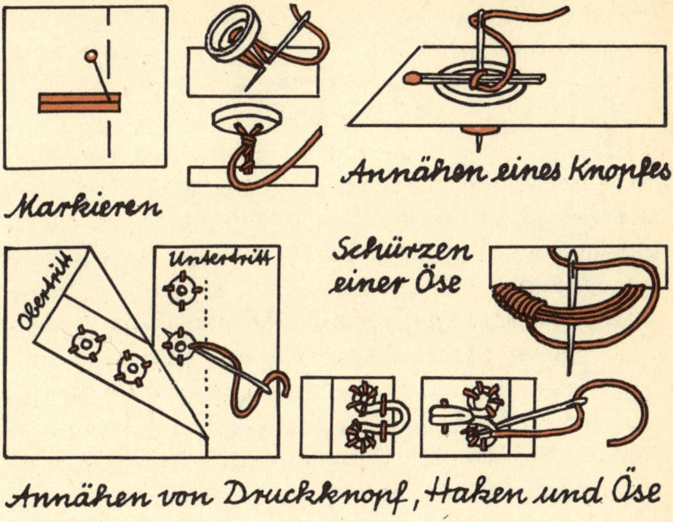


gelegt. Beide sind gemeinsam mit 4 Stichen lose anzunähen. Auf der Vorderseite arbeitet man einen Stiel. Zur Zierde aufgenähte Knöpfe brauchen keinen Stiel.

***Druckknopf annähen*** (siehe Abb. oben): Druckknöpfe näht man dort an, wo zwei Verschlußkanten übereinandergreifen. Die Oberhälfte des Knopfes wird etwa 1 cm vom Rand entfernt so befestigt, daß die Annähfäden auf der Stoffoberseite nicht sichtbar sind. Nachdem am übergreifenden Stoffteil (Obertritt) die Annähstelle durch einen Kreidestrich gekennzeichnet wurde, näht man dort die Oberhälfte an jeder Einstichstelle mit 4 überwendlichen Stichen an. Um die Annähstelle für die Unterhälfte auf dem unteren Stoffteil (Untertritt) zu markieren, versieht man den Dorn der Oberhälfte mit Kreide und drückt den Obertritt auf den Untertritt. Die Unterhälfte wird wie die Oberhälfte angenäht.

***Haken und Ösen annähen*** (siehe Abb. oben): Sie werden auf doppeltem Stoff angenäht, zum Beispiel als Verschluß bei Rockgurten. Beim Annähen muß die Öse etwas über den Stoffrand hinausragen, der Haken entsprechend vom Stoffrand zurücktreten, damit die Verschlußkanten beim Schließen aneinanderstoßen.

Befestigt werden Haken und Öse bei einfachem Faden mit 6 überwendlichen Stichen in den Annählöchern, die Öse zusätzlich vor den großen Rundungen, der Haken zusätzlich vorn am Längsteil mit 4 Stichen. Die Fadenenden dreimal verstechen!

***Reißverschluß einnähen*** (siehe Abb. unten): In Schlitze kann man je nach Stoffart Reißverschlüsse aus Metall oder aus synthetischem Material einnähen. Sichtbar werden sie bei Sportsachen und zur Zierde eingearbeitet. Meist stoßen aber die Verschlußkanten des Schlitzes genau über den Zähnchen des Reißverschlusses aneinander und verdecken ihn.

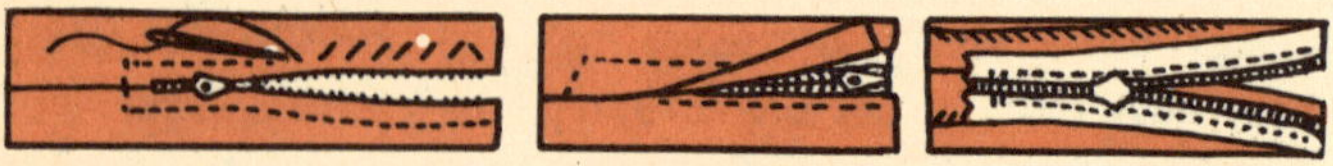

einfacher verdeckter Reißverschluß

– Vorbereiten der Naht
  Gesamte Naht stecken und heften (siehe Seite 21). Schlitzanfang mit Stecknadeln markieren, nur bis dorthin steppen. Nahtränder ausbügeln. Heftfäden entfernen. Der Schlitz ist jetzt offen. Schlitzkanten festheften.
– Reißverschluß zweiseitig verdeckt einnähen
  Stoff auf feste Unterlage legen.
  Reißverschluß geöffnet unter die Schlitzkanten legen, so daß die Zähne des Reißverschlusses etwa an die Schlitzkante stoßen, von der Vorderseite des Stoffes jedoch nicht zu sehen sind.

Erstes Nahtband des Reißverschlusses von der Vorderseite aus quer zur späteren Naht in 2 cm Abständen an der Schlitzkante feststecken.

Dieses Nahtband von oben nach unten heften.

Reißverschluß schließen, das zweite Nahtband genauso anheften.

Achtung! Stoff nicht dehnen. Reißverschluß straff halten.

Schlitzkanten über dem geschlossenen Reißverschluß mit überwendlichen Stichen zusammenhalten. Dann kann er beim Festnähen nicht verrutschen.

Reißverschluß von der Vorderseite des Stoffes aus mit der Hand mittels Rückstich oder mit der Nähmaschine im Steppstich annähen. Rückstiche sind unterbrochene Steppstiche (siehe Seite 22). Man sticht dabei nicht in die letzte Einstichstelle zurück, sondern etwas davor in den Stoff.

Die Nährichtung zum Befestigen des Reißverschlusses ist am günstigsten von links oben nach unten, quer hinüber und dann auf der rechten Seite wieder nach oben. Heftfäden entfernen.

***Knopfloch schürzen*** (siehe Abb. unten): Knopflöcher werden nur in doppeltem Stoff, der zusätzlich noch mit einer Stoffeinlage versehen sein kann, gearbeitet. Sie sollen mindestens 1 cm von der Verschlußkante entfernt und in Zugrichtung liegen, damit sie nicht ausreißen.

Man legt den Knopf auf die vorgesehene Knopflochstelle, sticht daneben Stecknadeln ein und markiert da-

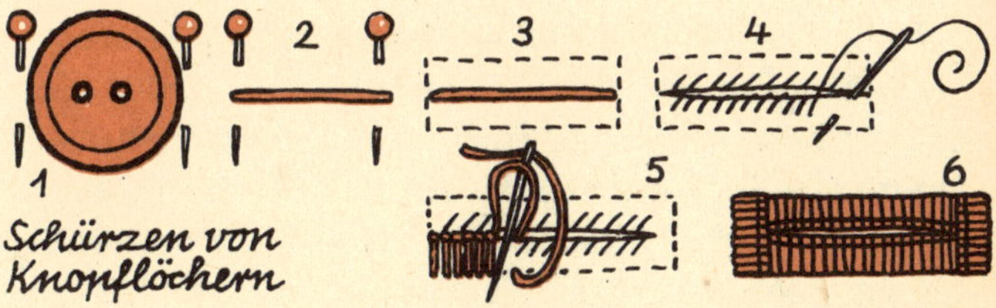

mit die Knopflochgröße (2 bis 6 mm größer als der Knopf). Anschließend die Knopflochstelle mit einem großen Heftstich kennzeichnen. Nach dem Entfernen der Stecknadeln um den Heftstich herum kleine Vorstiche in der Form des Knopfloches nähen. Den Stoff am Heftstich entlang vorsichtig mit spitzer Schere einschneiden und die Schnittkanten mit überwendlichen Stichen sichern. Danach an der unteren Kante beginnend von links nach rechts im Knopflochstich arbeiten. Das ist ein dichter, gleichmäßig breiter Stich ähnlich dem Langettenstich (siehe Seite 68), jedoch durch eine zusätzliche Fadenumschlingung haltbarer.

Die Enden eines Wäscheknopfloches werden mit einem Riegel gesichert. Dazu spannt man etwa 3 Fäden über den Stoff und arbeitet in Richtung auf das Knopfloch einige Knopflochstiche darüber. An Kleidern wird das außenliegende Ende oft auch strahlenförmig umstochen. Das Fadenende dreimal auf der Rückseite verstechen.

***Öse schürzen*** (Abb. Seite 29): Ösen können als Aufhänger oder Knopfverschluß dienen. Festes Nähgarn bzw. Knopflochseide zwei- bis viermal gleichmäßig lang entsprechend der Aufhänger- oder Knopfgröße hin und her spannen. Auf einer Stoffkante verlaufen die Rückfäden beim Spannen im Stoffbruch. Sonst seitlich jeweils einen Vorstich arbeiten und zurückspannen. Die hängende Schlaufe dicht mit Langettenstichen überstechen (siehe Seite 68). Um der Öse mehr Halt zu geben, erfassen die ersten und letzten Langettenstiche den Stoff.

Darauf achten, daß sich die Stiche nicht verdrehen.

***Gummiband bzw. Band einziehen:*** Beides wird in einen Saum eingezogen, der an einer Stelle in Sicherheitsnadelbreite offen ist. An beiden Enden des Gummibandes eine Sicherheitsnadel befestigen. Eine Nadel dient zum Einziehen. Sie wird durch die Saumöffnung in den Umschlag des Saumes gesteckt und durch den Saum geschoben, wobei die eine Hand den Stoff auf die Nadel schiebt, die andere Hand ihn nachzieht. Die zweite Nadel verhindert, daß das Band in den Saum rutscht. Nach dem Durchziehen die Sicherheitsnadeln entfernen, die Gummibandenden etwa 1 cm übereinanderlegen, mit überwendlichen Stichen zusammennähen und den Saum schließen.

Für das Einziehen von Schnüren kann man Schnürlöcher einarbeiten, die etwa 2 cm auseinanderliegen sollten. Man zeichnet die Stellen auf dem Stoff ein, näht kreisförmig einige Vorstiche in der Größe des gewünschten Schnürloches, schneidet den Stoff im Kreis kreuzweise auf, schlägt ihn nach links und umnäht die Stoffkanten mit Langettenstichen oder überwendlichen Stichen.

## Wie wird mit der Nähmaschine genäht

Vor Arbeitsbeginn muß man sich über den Aufbau und die Arbeitsweise der Nähmaschine informieren. In den nächsten Abschnitten folgen dazu allgemeine Hinweise. Einzelheiten sind in der Gebrauchsanweisung nachzulesen, die zu jeder Nähmaschine gehört. Alle Angaben aus der Anweisung müssen sorgfältig beachtet werden. Am besten ist es, sich einige praktische Arbeitsgänge zeigen zu lassen.

Wer mit der Handhabung der Maschine vertraut ist, kann nach der Arbeitsanleitung (siehe Seite 37) eine Umhängetasche nähen.

● ***Aufbau und Arbeitsweise der Nähmaschine***

Es gibt verschiedene Typen von Haushaltsnähmaschinen, beispielsweise Geradstich-, Zickzack-Automatik- und

Programm-Automatik-Nähmaschinen. Sie können versenkbar in einem Tisch, einem Schrank oder einem Koffer untergebracht sein, durch Muskelkraft mit dem Fuß oder elektrisch angetrieben werden.

Aus Sicherheitsgründen sollten Kinder nur unter Aufsicht Erwachsener mit elektrischen Nähmaschinen nähen.

Die Abbildung auf der Innenseite des Einbandes (vorn) zeigt das Schema des Aufbaus der Nähmaschine.

Eine Nähmaschine arbeitet mit zwei Fäden. Ein Faden führt von der Garnrolle, die oben auf dem Garnrollenhalter sitzt, über einen Fadenhebel und Fadenspanneinrichtungen zur Nähnadel. Das ist der Oberfaden. Der andere Faden kommt von einer Spule, die sich unter der Platte der Maschine, senkrecht unter dem Nähfuß, in einer Spulenkapsel befindet. Das ist der Unterfaden.

Ober- und Unterfaden verschlingen sich mit Hilfe der Nähnadel und eines schwingenden Greifers zu einem Stich, zum Beispiel dem Doppelsteppstich (auch Doppelstich genannt). Um eine einwandfreie Naht zu erreichen, müssen die Fäden richtig gespannt sein.

Die Oberfadenspannung kann durch den Knopf zur Fadenspannung, die Unterfadenspannung durch Verstellen einer kleinen Schraube an der Spulenkapsel reguliert werden. (Drehung nach rechts – Spannung wird stärker!) Der Stoff wird während des Nähens durch Maschinenteile zum Stoffvorschub vorwärts oder rückwärts transportiert.

Beim Entstehen des Doppelsteppstiches läuft folgender Vorgang ab (Abb. Seite 35):

- Die Nadel mit dem Oberfaden sticht von oben nach unten durch den Stoff. Die Nadel rückt wieder aufwärts, wobei der Oberfaden unterhalb des Stoffes eine Fadenschlinge bildet (a).
- Die Schlinge wird vom Greifer erfaßt und geweitet. Der

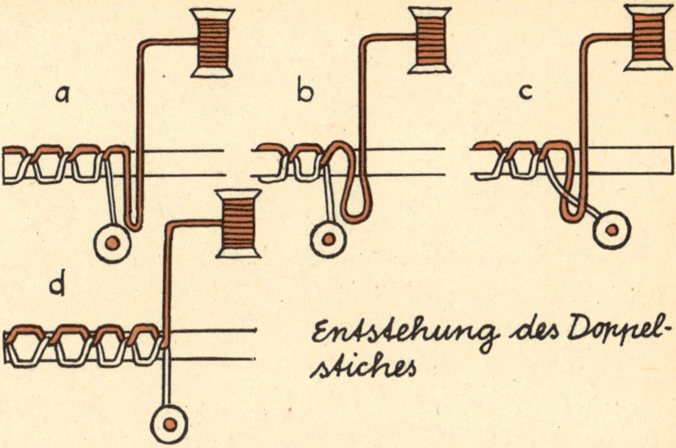


Greifer zieht die Schlinge über die Spule, auf der der Unterfaden aufgespult ist (b und c).

- Während der Oberfaden nach oben gezogen wird, verschlingen sich die Fäden in der Mitte des Stoffes (d).
- Das Nähgut rückt mit Hilfe der Einrichtungen zum Stofftransport einen Stich weiter. Der Vorgang beginnt erneut.

● *Vorbereitungsarbeiten zum Maschinenähen*

***Unterfaden aufspulen:*** Der Unterfaden darf nie dicker als der Oberfaden sein! Er ist gleich stark oder etwas dünner zu wählen. Man nimmt die Spulenkapsel aus der Maschine und löst das Nähwerk, wie in der Gebrauchsanweisung beschrieben. Zum Spulen wird die Garnrolle auf den Garnrollenhalter gesteckt. Der Faden läuft unweit des Halters um eine Vorspannung herum und dann zur Spule, die auf dem Zapfen der Spulerwelle sitzt. Der Fadenanfang ist mehrmals entgegen der Uhrzeigerrichtung um die Spule zu wickeln. Dann wird der Spuler gegen das Handrad gedrückt. Die Spule füllt sich, wenn man mit den Füßen das Trittbrett der Maschine bedient.

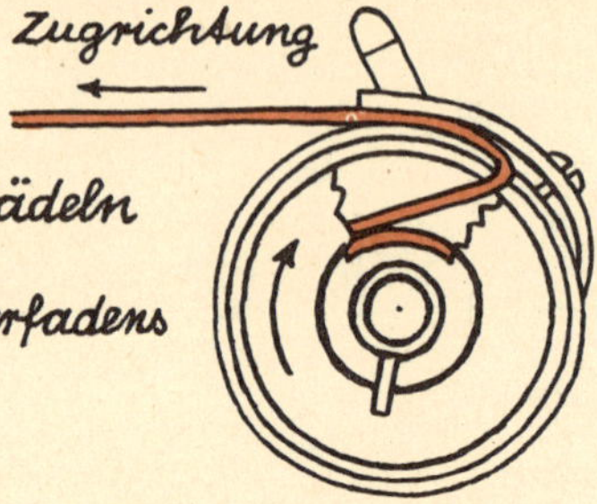


*Oberfaden einfädeln:* Beim Einfädeln steht die Nadel durch Drehen des Handrades in ihrer höchsten Stellung. Der Oberfaden wird vom Garnrollenhalter aus über die oberen Führungsteile, Spannungsscheiben, Fadenanzugsfeder, Fadenhebelauge (von rechts nach links einfädeln) und Führungsösen zum Nadelöhr geleitet. Den Faden fädelt man von vorn nach hinten durch das Nadelöhr. Er wird etwa 10 cm lang hindurchgezogen und nach hinten gelegt.

*Unterfaden einfädeln:* Die gefüllte Spule wird so in die Spulenkapsel eingelegt, daß sie sich nach dem Einfädeln entgegengesetzt zur Abzugsrichtung des Fadens – also von links nach rechts – dreht (siehe Abb. oben). Um den Unterfaden zu spannen, zieht man den Faden unter der Blattfeder der Spulenkapsel hindurch und fädelt ihn durch eine kleine Bohrung ein.

Die Spulenkapsel wird nach der Gebrauchsanweisung auf den Stift in der Mitte des Greifers aufgesteckt. Vor Nähbeginn muß der Unterfaden über der Stichplatte liegen. Man hält das Fadenende des Oberfadens lose mit der linken Hand. Mit der rechten Hand wird das Handrad auf sich zu gedreht, so daß sich die Nadel einmal herunter und herauf bewegt. Zieht man den Oberfaden leicht an, kommt der Unterfaden nach oben. Die beiden Fäden werden nach hinten unter den Nähfuß gelegt. Das Nähen kann beginnen.

*Nähfuß auswechseln:* Zum Nähen verschiedener Stiche, beispielsweise Steppstich oder Zickzackstich, verwendet man unterschiedliche Nähfüße. Beim Wechseln steht die Nadel in ihrer höchsten Stellung. Die Nähfußbefestigungsschraube wird gelöst, bis sich der Nähfuß nach unten entfernen läßt. Man setzt den neuen Nähfuß ein und zieht die Befestigungsschraube wieder an.

*Nadel auswechseln:* Die Nähmaschinennadel besteht aus Kolben, Schaft und Öhr. Der Kolben sitzt im Nadelstangeneinschnitt der Nähmaschine. Beim Auswechseln bringt man die Nadel durch Drehen des Handrades in die höchste Stellung. Dann wird die Nadelbefestigungsschraube gelöst und die alte Nadel herausgezogen. Man setzt die neue Nadel mit der linken Hand bis zum Anschlag in den Einschnitt ein und zieht die Befestigungsschraube wieder an. Dabei ist folgendes zu beachten: Im Nadelschaft befinden sich Rillen. Sie nehmen beim Nähen den Faden auf, lassen ihn leichter durch den Stoff gleiten und begünstigen die Schlingenbildung unterhalb des Stoffes. Die lange Rille muß deshalb immer auf der Seite liegen, an der sich die letzte Führungsöse für den Oberfaden befindet. So kann der Faden bequem in der Rille zum Öhr hinunterlaufen.

Für den Hausgebrauch genügt eine mittelstarke Nadel. Ansonsten gilt: dünner Stoff, dünne Nadel, passend dünnes Garn, kleine Stiche und umgekehrt.

● ***Arbeitsbeispiel: Umhängetasche*** (siehe Farbteil „Nähen“)
**Material und Werkzeug:** ein Stück einfarbiger Jeansstoff (etwa 25 cm mal 70 cm groß), 1,20 m passende Kordel (siehe Seite 149), Baumwollgarn, Heftgarn, Näh- und Stecknadeln, Schere, Zentimetermaß, Nähmaschine, Packpapier, Lineal, Bleistift.

**Schnittmuster anfertigen:** Damit ein Stoff nicht unüberlegt zerschnitten wird, sollte auch bei kleineren Ar-

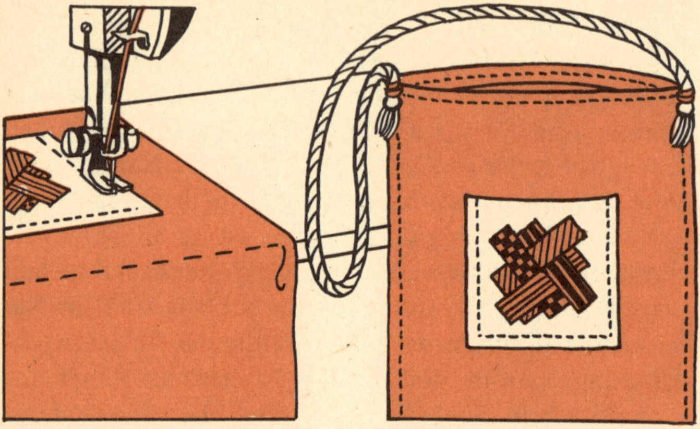

beiten ein Schnittmuster verwendet werden. Dieses Muster kann man bei einfachen Arbeitsstücken selbst aus Packpapier anfertigen. Für Bekleidungsstücke gibt es fertige Schnittmuster mit ausführlichen Beschreibungen zu kaufen, oder sie sind einer Modenzeitung zu entnehmen.

Die Teile der Umhängetasche entsprechend den Maßangaben auf Packpapier zeichnen (Tasche 22 cm mal 26 cm, Vortasche 12 cm mal 14 cm) und als Schnitteile ausschneiden. Die Stoffzugaben bzw. Nahtzugaben, also die schmalen Stoffteile, die nach dem Steppen der Nähte und Säume innen liegen, sind schon berücksichtigt. Das ist bei gekauften Schnittmustern nicht der Fall. Die Zugaben sind dann extra zu berücksichtigen.

**Schnittmuster auflegen:** Das Schnittmuster muß fadengerade auf dem Stoff liegen. Um den Fadenverlauf deutlich zu sehen, zieht man in Nähe der Schnittkante einen Faden heraus und schneidet den Stoff dort entlang gerade. Webkanten sind fadengerade.

Den Stoff flach auf den Tisch legen und die einzelnen Teile des Schnittmusters fadengerade so anordnen, daß beim Zuschneiden wenig Stoffverlust eintritt. (Bei gemusterten Stoffen auf das Muster achten, bei Stoffen mit Flor – Samt, Kord, Kunstpelz – in gleicher Florrichtung zuschneiden.) Das Schnittmuster mit Stecknadeln befestigen.

Bei der Umhängetasche den Stoff in Schnittmusterhöhe der Tasche umschlagen (rechte Stoffseiten nach innen, Schnittkanten liegen übereinander), das Schnittmuster an den Stoffbruch legen und feststecken. Dann braucht an diesem Stoffbruch später keine Naht genäht zu werden. Danach das Schnittmuster der Vortasche fadengerade auf den Stoff legen und feststecken.

**Stoff zuschneiden:** Den Stoff für die Umhängetasche durch beide Stofflagen zuschneiden (so ein doppelter Zuschnitt ist auch beim Nähen von Bekleidungsstücken üblich) und ihn dabei mit der linken Hand auf dem Tisch festhalten. Die rechte Hand führt die Schere entlang dem Schnittmuster. (Achtung! Bei anderen Schnittmustern Nahtzugaben berücksichtigen.)

Am Stoffbruch entlang heften, um beim Aufsteppen der Vortasche eine Hilfslinie zu haben. Dann die Vortasche zuschneiden.

**Vortasche vorbereiten und anbringen:**

– Schnittkanten mit Zickzackstich versäubern

Passendes Baumwollgarn als Ober- und Unterfaden einfädeln, Nähfuß für Zickzackstich einsetzen, mittlere Stichgröße einstellen. Die Nadel befindet sich in ihrer höchsten Stellung. Den Nähfuß hochstellen, den Stoff nahe der Schnittkante unter den Nähfuß legen, ihn wieder senken. Das Handrad auf sich zu drehen und langsam mit dem Treten beginnen. Den Stoff während des Nähens nicht ziehen, die Stofftransporteinrichtungen bewegen den Stoff selbständig.

An den Ecken den Nähfuß heben, die Nadel verbleibt im Stoff. Die Arbeit entsprechend drehen, den Nähfuß wieder senken und weiternähen. Zum Schluß den Anfang der Kantenversäuberung ein kleines Stück übernähen. Dadurch sind Fadenanfang und -ende gesichert. Die Arbeit nach dem Heben des Nähfußes nach hinten wegziehen und den Nähfaden abschneiden.

– Schnittkanten heften, Saum mit Steppstich befestigen
Den Stoff in Breite der Saumzugabe am oberen Vortaschenrand nach außen umschlagen, etwa 1 cm. Den 1 cm breiten Umschlag 1 cm von den Seitenrändern entfernt mit der Hand aufsteppen. Den Umschlag wenden, den oberen Taschenrand heften und mit der Nähmaschine steppen. Dazu den Nähfuß für Geradstich einsetzen. Die Nadel steht wieder in ihrer höchsten Stellung, Nähfuß heben, Stoff ½ cm vom oberen Stoffbruch entfernt unter den Nähfuß legen, Nähfuß senken, Handrad auf sich zu drehen, treten, Saum feststeppen, Fadenanfang und -ende mit der Hand vernähen. Man kann Unter- und Oberfaden auch miteinander verknoten, da der Knoten in diesem Falle nicht sichtbar verbleibt. Die übrigen Kanten 1 cm umbügeln (zuerst die untere, dann die seitlichen), feststecken und heften (siehe Seite 21). Stecknadeln wieder entfernen.

– Vortasche aufnähen
Vor dem Aufnähen sollte die Vortasche mit einer Applikation verziert werden, die auf der Seite 53 beschrieben ist. Danach die Vortasche auf der späteren Vorderseite der Umhängetasche 5 cm von den seitlichen Rändern, 4 cm vom unteren Stoffbruch (Heftfaden) entfernt feststecken und heften.
Stecknadeln nach dem Heften herausziehen. Die Vortasche mit Steppstich festnähen, Fadenanfang und -ende mittels Rückstich befestigen. Dazu die Nadel in ihre höchste Stellung bringen, Nähfuß anheben, linke obere Ecke der Vortasche ½ cm vom Rand der Vortasche entfernt unter den Nähfuß legen, Nähfuß senken, Handrad auf sich zu drehen, treten, 3 bis 4 Stiche vor-

Die Rechtslinksnaht

wärtssteppen, Rückstich einstellen (beim Umstellen jeweils Nähfuß heben), 3 bis 4 Stiche zurücksteppen, Stich umstellen, wieder vorwärts bis zur Ecke steppen, Nähfuß heben, Arbeit drehen, Nähfuß senken, untere und rechte Seite der Vortasche feststeppen.

**Umhängetasche säumen:** Der Stoff wird an den beiden oberen Kanten 1 cm eingeschlagen, nochmals 2 cm umgeschlagen, gesteckt, geheftet und 1,5 cm vom oberen Rand entfernt mit Steppstich als Saum festgesteppt. Fadenenden mit der Hand vernähen.

**Umhängetasche mit Rechtslinksnaht zusammennähen** (siehe Abb. oben):
Dazu den Stoff zur Hälfte (am Heftfaden) links auf links legen (die Vortasche befindet sich also außen), zusammenstecken und $\frac{1}{2}$ cm von den Schnittkanten entfernt heften. Nach dem Entfernen der Stecknadeln neben dem Heftfaden von oben nach unten Steppnaht arbeiten (wie bei der Vortasche). Tasche wenden, Naht glattstreichen, 1 cm von den Stoffrändern entfernt Naht vorheften und anschließend steppen. Die Schnittkanten befinden sich zwischen den Stofflagen. Zum Schluß Arbeit wenden.

Kordel annähen: An beiden Seiten Kordel mit Hohlstichen fest annähen, dabei einen Henkel zum Umhängen belassen.

● ***Nähmaschinenpflege***

Um die Nähmaschine lange funktionstüchtig zu erhalten, muß sie vom Nähstaub befreit und regelmäßig geölt werden. Eine ständig benutzte Maschine ist mindestens einmal wöchentlich zu säubern und zu ölen. Die Zähne des Transporteurs reinigt man mit einem Hartholzstab, den Greifer mit einem Pinsel. Geölt wird mit Nähmaschinenöl, 1 bis 2 Tropfen an jeder Lager- und Gleitstelle genügen (Bohrungen sind sichtbar!).

Die auftretenden Störungen beim Maschinennähen können mannigfaltig sein. Die Bedienungsanleitung gibt genau an, wie Abhilfe zu schaffen ist.

## Vorschläge zum Nacharbeiten: Nähen (siehe Farbteil „Nähen“)

### *Stoffpuppe Emma*

**Material:** einfarbiger Stoffrest für den Körper (25 cm mal 68 cm groß), Nähgarn, Stickgarn, Wollfäden, Filzreste, Schaumstoffflocken.

**Arbeitsanleitung:** Schnittmuster nach Abbildung anfertigen. Aus dem Stoff Körper zweimal mit Nahtzugabe zuschneiden. Stoffteile (rechte Seite liegt auf rechter Seite) zusammenstecken, heften und mit der Hand im Steppstich zusammennähen. An einer Seitennaht 6 cm Schlitz

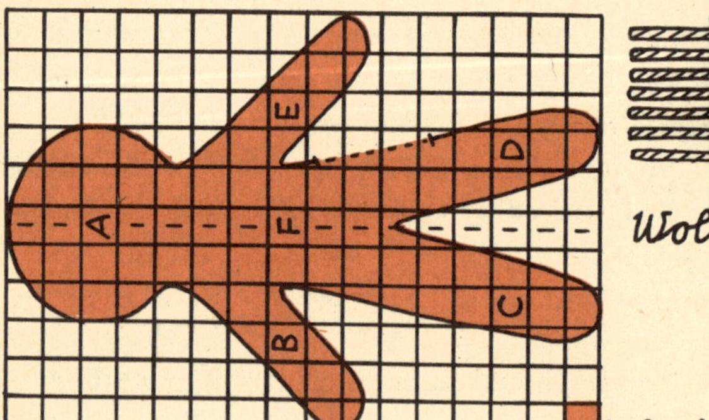


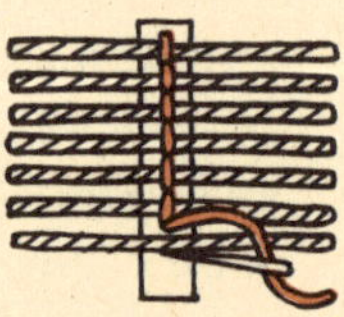
Wollhaare

lassen. Arbeit wenden. Körper in der Reihenfolge A-F (Abb. Seite 42) mit Schaumstoffflocken ausstopfen, Naht schließen. Gesicht aufsticken oder Filzteile aufnähen. Als Haare entweder Wollfäden auf einen 1 cm breiten, 6 cm langen Stoffstreifen nähen, diesen in Kopfmitte festnähen oder kurze Wollfäden einzeln einziehen und die Enden doppelt verknoten. Man kann auch Locken aufnähen. Anfangs werden sie wie eine Quaste (siehe Seite 147) gearbeitet. Garn aber nicht an der unteren Pappkante aufschneiden, sondern als Schlingen von der Pappe streifen und sogleich mit Fadenenden festnähen. Strickkostüm für Emma (siehe Seiten 143, 144).

***Rock mit Gummizug*** (Größe 152)

**Material:** Stoff (1,40 m lang/90 cm breit), passendes Nähgarn, Gummiband in Länge der Taillenweite.

**Arbeitsanleitung:** Zwei Stoffteile 70 cm mal 90 cm nach Abbildung Seite 44 zuschneiden. Seitenkanten im Zickzackstich mit der Nähmaschine versäubern, Seitennähte mit Steppstich schließen. Obere Rockkante 1 cm einschlagen, dann 4 cm umschlagen, Saum feststeppen, so daß der Einschlag mit befestigt ist. Im Abstand von 1 cm oberhalb der Naht nochmals eine Naht steppen, kleine Öffnung belassen. Durch die Öffnung Gummiband einziehen, Öffnung schließen. Entsprechende Rocklänge abstecken, doppelten Saum nähen.

***Kimonobluse oder -kleid*** (Größe 152)

**Material:** für die Bluse Stoff (1,30 m lang/90 cm breit), passendes Nähgarn.

**Arbeitsanleitung:** Schnittmuster nach Abbildung Seite 44 anfertigen, Stoff doppelt legen. Schnittmuster an den Stoffbruch legen, zuschneiden. (Achtung! Der Rückenausschnitt ist nur etwa 4 cm tief.) Seiten- und untere Ärmelnähte schließen. Bluse und Ärmel unten mit doppel-

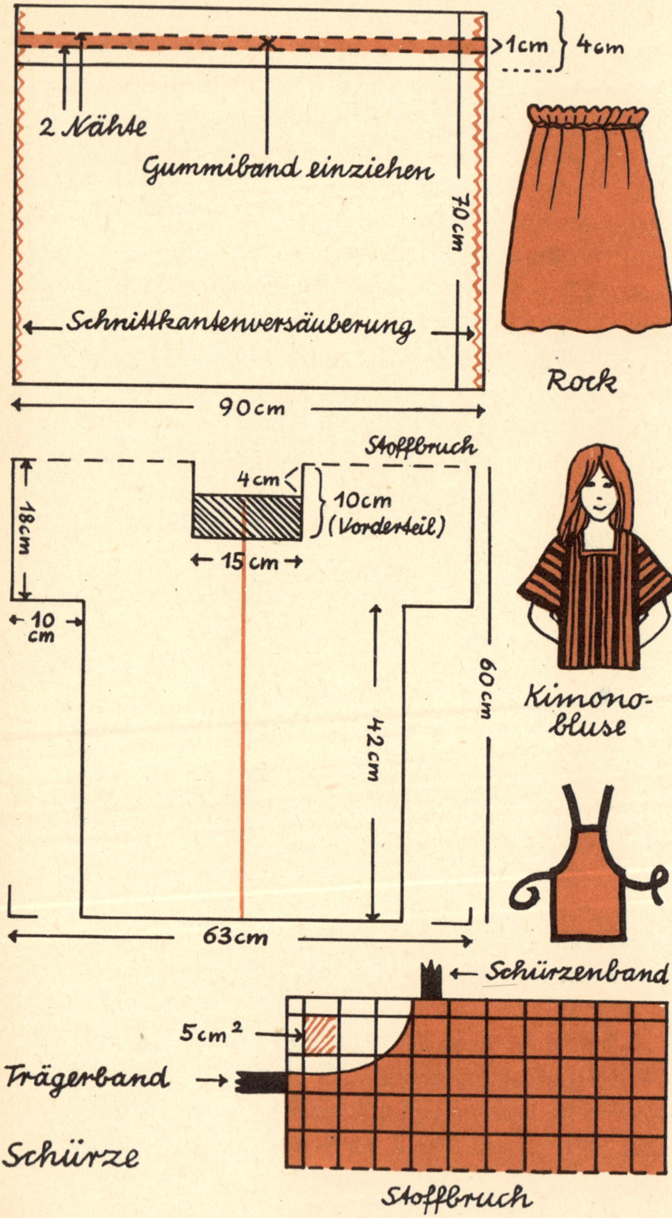

>1cm
4cm
2 Nähte
Gummiband einziehen
70cm
Schnittkantenversäuberung
90cm
Rock
Stoffbruch
4cm
10cm
(Vorderteil)
18cm
15cm
10 cm
42cm
60cm
63cm
Kimono-bluse
Schürzenband
5cm²
Trägerband
Schürze
Stoffbruch

tem Saum versehen. Ausschnitt mit Schrägband einfassen (siehe Seite 25). Aus dem seitlich abfallenden Stoff außerdem einen schmalen Gürtel nähen. Ein Kleid wird entsprechend länger zugeschnitten.

*Wachstuchschürze* (für 6-10 Jahre)
**Material:** Wachstuch (50 cm lang/90 cm breit), 4 m Zierborte, synthetisches Nähgarn.

**Arbeitsanleitung:** Schnittmuster nach Abbildung Seite 44 anfertigen, Wachstuch zuschneiden. Von der Zierborte 1 Trägerband (43 bis 46 cm lang) und 2 Schürzenbänder (je 55 cm lang) abschneiden und entsprechend der Zeichnung festnähen. Bandenden versäubern. Am Schürzenrand entlang Zierborte mit der Nähmaschine aufsteppen.

# Applizieren

## Was man über das Applizieren wissen sollte

Das Wort „Applizieren“ leitet sich von der lateinischen Bezeichnung „applicare“ (anfügen) ab. In der Textilgestaltung wendet man es heute im Sinne von „aufnähen“ an.

Beim Applizieren werden im allgemeinen ausgeschnittene Stoffteile oder andere textile Materialien auf einen textilen Untergrund mit Zweck- oder Zierstichen aufgenäht. Zusätzliche Stickereien, Schnüre, Perlen und Pailletten können die Näharbeiten bereichern. Eine fertige Aufnäharbeit heißt Applikation.

Die Applikationstechnik ist etwa so alt wie die Sticktechnik. Funde in Gräbern der alten Ägypter, die Jahrtausende vor Beginn unserer Zeitrechnung angelegt wurden, geben darüber Auskunft. Man versah Prunkdächer, Dekken und Trageriemen mit Lederapplikationen. Aufgenähte Borten zierten die Kleidung. Nachdem im Mittelalter bevorzugt Stickereien entstanden, wurden in der Zeit der Renaissance (14. bis 16. Jahrhundert) Kirchen und Paläste mit Aufnäharbeiten ausgestattet. In Italien und besonders in Spanien, das die Mode dieser Zeit beeinflußte, ließen sich Fürsten teure Stoffe wie Samt mit Seiden-, Spitzen- und Brokatapplikationen verzieren und mit echten Perlen und Edelsteinen besetzen.

Als zum Ende des 17. Jahrhunderts die Kunst und die Mode Frankreichs und Englands Einfluß in Europa gewannen, wurden bevorzugt naturalistische Formen appliziert. Vorlagebücher mit ihren zahlreichen Motiven gaben den Volkskünstlern damals vielerlei Anregungen, doch gestalteten sie die Formen einfacher und überschaubarer.

Ende des 18. Jahrhunderts wurden besonders in den Niederlanden und im norddeutschen Raum geklöppelte oder genähte Motive auf Klöppel- oder Tüllgrund aufgenäht. Durch die fortschreitende Technik stellte man schließlich Applikationen auch maschinell her.

Heute befassen sich wieder viele Volkskunstschaffende und Berufskünstler mit der Applikationstechnik, weil sie eine sehr schöpferische Arbeit zuläßt. Dekorative Wandbehänge, Bekleidungstextilien, aber auch Gebrauchsgegenstände, die zuweilen auf Ausstellungen zu sehen sind, belegen, wie die Gestalter mit geschultem Farben- und Formensinn zauberhafte textile Werke schaffen.

## Was man zum Applizieren benötigt

In der Regel sind für das Anfertigen einer Applikation ein Stoff als Grundgewebe und Stoffreste, aus denen die aufzunähenden Stoffteile ausgeschnitten werden, notwendig. Die Stoffreste können zum Beispiel klein gemustert oder einfarbig mit unterschiedlicher Oberflächenstruktur sein. Die passenden Stoffe sucht man entsprechend dem Arbeitsvorhaben aus (siehe Seite 49). Bei häufig zu waschenden Applikationen muß das Material farbecht sein.

Für die ersten Arbeiten mit Stoff wählt man als Grundmaterial derbes Gewebe, das sich beim Benähen nicht verzieht oder ausbeult. Zu empfehlen ist ein Material mit einer glatten Oberflächenstruktur, bei der sich die aufgenähten Formen gut vom Untergrund abheben. Anfangs sollten die Motive ebenfalls aus festem oder möglichst nicht fransendem Material geschnitten werden, zum Beispiel aus Filz, synthetischen Stoffen oder Vlieseline; denn Leinen, Baumwoll- und Wollstoffe, Kord, Samt, Seide, Brokat oder Tüll lassen sich schwieriger verarbeiten, weil sie eventuell ausfransen und leicht auch verrutschen.

Stoffe mit großen Mustern oder gegenständlichen Motiven (zum Beispiel Häuser, Bäume, Hunde) sind zu Beginn nicht geeignet; sie verleiten dazu, die Motive aus dem Stoff auszuschneiden. Das aber sollte man nicht tun.

Neben Stoffen kann man ebenfalls mit Schnüren, Litzen, Borten, Kordeln und Bändern dekorative Applikationen fertigen.

Es gibt außerdem Aufnäharbeiten, bei denen Leder, Wachstuch, Fell, Folie usw. oder gewebte, gehäkelte und gestrickte Motive verwendet werden.

Zum Aufnähen mit der Hand braucht man Garne in verschiedenen Farben (Stickgarne, Zwirn, Nähseide, Wolle), Stecknadeln sowie entsprechende Näh- und Sticknadeln.

Der Nähfaden muß in der Farbe und im Material zum Stoff passen.

Beim Ausschneiden von Stoffen wird eine spitze, scharfe Schere benötigt.

Da der Aufnäharbeit ein Entwurf vorausgehen sollte, sind dafür Zeichen-, Transparent- und Seidenpapier, Bleistift, Radiergummi, Zirkel, Lineal, Papierschere, Kleber und verschiedene Papierreste (Zeitungen, Buntpapier) bereitzuhalten.

Gebraucht wird auch eine Bügeleinrichtung, um einzelne Stoffteile oder die fertige Arbeit zu glätten.

## Wie wird appliziert

Für das Aufnähen von Stoffteilen auf ein textiles Grundmaterial gibt es keine feststehenden Muster wie zum Beispiel für das Häkeln oder Stricken. Zwar können vorhandene Vorlagen genutzt werden, aber nur selten verfügt man über die angegebenen Materialien. Natürlich regen gelungene fertige Applikationen zum Nacharbeiten an. Weitaus besser ist es jedoch, eigene Ideen umzusetzen, selbst Stoffe und Aufnähstiche zu bestimmen.

Als Voraussetzung für praktische Arbeiten muß man verschiedene Näh- und Stickstiche beherrschen, sich mit Materialeigenschaften vertraut machen und sich im Zusammenstellen des Materials üben. Letzteres ist sehr wichtig, denn bei einer Applikation wird mit unterschiedlichen Farben, Formen und Strukturen der Materialien gestaltet. Sie werden nach der Art und dem Verwendungszweck der Applikation ausgewählt.

Bei figürlichen Darstellungen beeinflußt der Inhalt die Wahl des Materials. Eine knorrige Eiche wird man nicht aus durchsichtigem Stoff, sondern aus grobem zuschnei-

den, einen zarten Schmetterling dagegen mit dünnem Material darstellen.

Kontrastreich wirkt eine Applikation, wenn die aufgenähten Stoffe unterschiedliche Oberflächenstrukturen aufweisen, beispielsweise glatt, rauh, gerippt, noppig.

So wie die Stoffe zielgerichtet aufzunähen sind, müssen auch die Zweck- und Zierstiche wohldurchdacht die Materialanordnung unterstützen.

Es empfiehlt sich, zunächst sehr einfache Arbeiten anzufertigen, solche mit aufgenähten Borten, Schnüren und wenigen aufzunähenden Stoffteilen. Was beim Herstellen großer anspruchsvoller Aufnäharbeiten berücksichtigt werden muß, ist auf den Seiten 47, 48 und 54 bis 59 nachzulesen.

● ***Arbeitsbeispiel: Platzdeckchen*** (Aufnähen von Borten – Abb. Seite 51)

**Material und Werkzeug:** ein Stück einfarbiger Wolpryla-Dekostoff (30 cm mal 40 cm groß), 60 cm Borten, Nähgarn mit synthetischem Anteil, Heftgarn, Näh- und Stecknadeln, Schere, Zentimetermaß, Nähmaschine.

**Stoff fadengerade zuschneiden:** siehe Arbeitsbeispiel Seite 38.

**Borten aufnähen:** 2 Borten jeweils 30 cm lang schneiden und sie an den 30 cm langen Seiten des Grundstoffes in Kantennähe feststecken. (Der Abstand der Borte von der Kante richtet sich nach der Bortenbreite und ist daher nicht einfach festlegbar.) Danach Borten aufheften und mit der Nähmaschine aufsteppen. Zum Schluß einen doppelten Saum (siehe Seite 26) nähen. Wenn die Ränder des Deckchens ausgefranst werden sollen, müssen die Bortenenden beim Heften 1,5 cm zum Versäubern nach hinten umgeschlagen und der Umschlag mit festgesteppt werden.

Dann sind 1,5 cm vom Deckchenrand entfernt ringsherum Zickzackstiche zu arbeiten und die Gewebefäden randwärts auszuziehen.

Es ist auch möglich, mit mehreren Borten zu kombinieren.

● ***Arbeitsbeispiel: Buchhülle*** (Aufnähen von Schnüren – Abb. Seite 52)

**Material und Werkzeug:** Filz je nach Buchgröße, farblich passende, ausreichend lange Schnur, Nähgarn in Filz- und Schnurfarbe, Näh- und Stecknadeln, Zentimetermaß, Pack-, Zeichen- und Seidenpapier, Bleistift, Lineal, Scheren für Stoff und Papier.

**Schnittmuster anfertigen:** Höhe und Dicke des Buches messen, die Größe der Buchhülle errechnen, ein Muster auf Packpapier zeichnen. Beim Schnittmuster die Nahtzugaben und den seitlichen Einschlag berücksichtigen, also an der Ober- und Unterkante je 1 cm zugeben, an jeder Seite je nach Buchdicke 6 cm oder mehr. Das ausgeschnittene Schnittmuster um das Buch legen und probieren, ob sich die Buchdeckel bequem zuklappen lassen.

**Applikationen entwerfen:** Das Buch geschlossen auf Packpapier legen, es mit dem Bleistift umfahren und entsprechend der Buchdeckelgröße die dekorative Lage der Schnur aufzeichnen. Den Schnurverlauf möglichst fortlaufend in Linien, Schlingen und Kreisen führen, um beim Annähen nicht ständig neu beginnen zu müssen. Möglich wäre eine Flächenfüllung, aber auch eine Rand-, Mittelpunkt- oder Eckbetonung.

**Buchhülle zuschneiden und für die Applikation vor-**

bereiten: Das Schnittmuster auf den Filz legen, feststekken und am Schnittmusterrand entlang zuschneiden. Den Filz an der Ober- und Unterkante knapp 1 cm umschlagen und den Saum heften und steppen.

**Applikationsentwurf übertragen:** Die Schnurführung nach der Vorlage mit Bleistift auf den Filz zeichnen oder den Entwurf auf Seidenpapier pausen und dieses entlang der Linien auf dem Filz festheften. (Auf der Oberseite große Stiche, auf der Unterseite kleine Stiche ausführen, damit die Schnurführung deutlich markiert wird) Dann das Seidenpapier vorsichtig entfernen.

**Schnur aufnähen:** Den Schnuranfang und später auch das Schnurende mit vielen kleinen Stichen umnähen, damit die Enden nicht ausfransen. Die Schnur entweder mit kleinen Vorstichen, wobei abwechselnd Filz und Schnur zu erfassen sind, oder mit Überfangstichen (Abb. Seite 58) annähen. Heftfäden entfernen. (Bei dicken Schnüren beläßt man den Anfang und das Ende auf der Vorderseite des Stoffes, dünne Schnüre führt man durch den Stoff auf die Stoffrückseite).

**Buchhülle fertigstellen:** Die Hülle so um das Buch legen, daß beide Seiten gleichlang nach innen umgeschlagen werden können. Den Umschlag feststecken. Kontrollieren, ob sich das Buch gut zuklappen läßt. Den Umschlag beiderseits an der Ober- und Unterkante mit Hohlstichen festnähen.

● *Arbeitsbeispiel: Umhängetasche* mit aufgenähten Stoffteilen und verschiedenen Zweck- und Zierstichen (siehe Abb. unten)

**Material und Werkzeug:**

für die Umhängetasche – siehe Arbeitsbeispiel Seite 37

für die Applikation – einfarbiger, zum Grundstoff passender Stoffrest, Stickgarn, Heftgarn, Nähgarn, Näh- und Sticknadel, eine kleine spitze Schere, Seifenstückrest, Zentimetermaß, dünne Pappe, Packpapier, Lineal, Bleistift, Schere zum Papierschneiden.

**Umhängetasche zur Applikation vorbereiten und fertigstellen:** siehe Arbeitsbeispiel Seite 37.

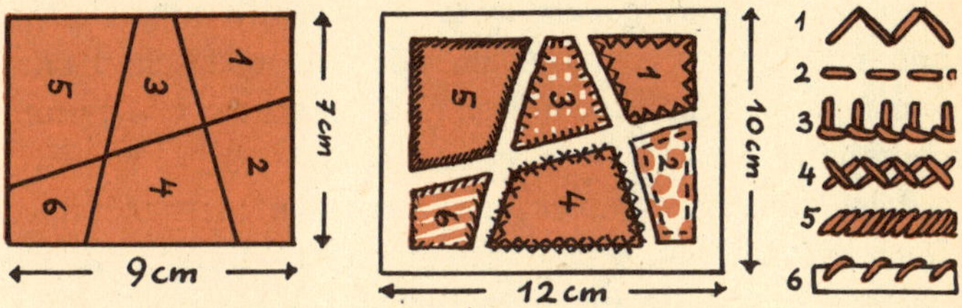


**Applikation der Vortasche entwerfen:** Auf die Pappe ein Rechteck (7 cm mal 9 cm) zeichnen, es wie ein Puzzle in 6 unterschiedlich große Felder teilen und diese numerieren. Die Felder als Schablonen ausschneiden, sie der Reihenfolge nach mit Zwischenräumen auf einer Papierfläche anordnen, die der Größe der Vortasche entspricht (12 cm mal 14 cm).

**Stoffteile ausschneiden:** Die Schablonen auf die Stoffreste legen, die Umrisse mit dem Bleistift oder dem Seifenstückchen umfahren, die Teile zuschneiden und die Schablonen wieder auf dem Entwurf ordnen.

**Stoffteile befestigen:** Die Teile nach dem Entwurf auf die Vortasche heften und mit unterschiedlichen Aufnähstichen befestigen (siehe Abb. oben). Außer den in der

Abbildung gezeigten Stichen wären auch der Stielstich (siehe Seite 66), der Spannstich (siehe Seite 66), der Kettenstich (siehe Seite 69) und der Überfangstich (Abb. Seite 58) möglich.

● ***Weitere Hinweise zum Applizieren***

***Applikationen entwerfen:*** Vor jeder Applikationsarbeit sollte man einen farbigen Entwurf in Originalgröße der Applikation anfertigen. Da beim Applizieren die Stoffteile als Farbflächen zu einem Bild angeordnet werden, ist eine Malerei mit vielen Farbtupfern als Entwurf ungeeignet.

Der Applikation kann aber zum Beispiel eine Papierklebearbeit vorausgehen. Dazu werden die aufzuklebenden Formen auf einfarbigem oder gemustertem Papier vorgezeichnet, ausgeschnitten und auf einem Untergrund geordnet.

Legt man das Papier beim Ausschneiden mehrfach übereinander, entstehen viele gleiche Motive, die auf einer Grundfläche angeordnet werden können.

Auch Faltschnitte sind als Entwurf geeignet. Ebenso kann man eine bestimmte Form, zum Beispiel eine Kreisfläche oder ein Rechteck, in Einzelteile zerlegen (Spalttechnik, siehe auch Seite 53).

Um die günstigste Anordnung aller Teile herauszufinden, sollte man die einzelnen Formen vor dem Aufkleben auf der Grundfläche verschieben und eventuell Teile hinzufügen oder weglassen.

Beim Aufkleben läßt sich gleichzeitig erproben und festlegen, welche Teile in der Applikation aneinander oder übereinander liegen und entsprechend zugeschnitten werden müssen (siehe Seite 56).

Der farbige Entwurf bleibt Vorlage. Er ist in seinen Umrissen zweimal auf Transparentpapier zu übertragen. Eine Transparentzeichnung dient als Schnittmusterzeichnung, die zweite als Stechpause oder als Kontrollzeichnung bei der Arbeit.

Eine Stechpause entsteht, indem das Transparentpapier auf der Rückseite entlang der Umrisse dicht nebeneinander mit Stecknadeln durchstochen wird (Weiterverwendung der Stechpause siehe Seite 57).

Der gezeichnete oder geklebte farbige Entwurf zeigt allerdings noch nicht die Wirkung, die durch die Strukturen und Musterungen der Stoffe hervorgerufen wird.

Ein Beispiel: Wurde als Entwurf eine Papierklebearbeit zum Thema „Igelfamilie“ hergestellt, so läßt die Klebearbeit kaum das stachlige Igelkleid erkennen. Wird das Igelkleid später aus einem Webpelzrest ausgeschnitten und aufgenäht, so wirkt der Igel stachlig.

Textiles Material hat also seine eigene Ausdruckskraft. Deshalb ist es notwendig, die verschiedenen Materialien vor dem Aufnähen lose zusammenzustellen, um die Stoffe zu kombinieren, zu variieren und auszutauschen, bis man zu einer gelungenen Bildlösung gelangt.

***Stoffe für Applikationen zuschneiden:*** Das Grundmaterial wird fadengerade zugeschnitten. Das Schneiden der Stoffformen erfolgt nach den selbst entworfenen Schnittmustern.

Beim Zuschneiden verschiedener Stoffe ist zu bedenken: Filz zeigt als gepreßtes textiles Material keine Fadenstruktur und kann beliebig zerschnitten werden, die Schnittkanten fransen nicht.

Zeigen die Stoffe Fadenstruktur, ist beim Auflegen der Schnittmuster auf den Fadenverlauf zu achten. Allgemein gilt, daß der Fadenverlauf des Grundstoffes und des Applizierstoffes gleiche Richtung haben muß. Sonst wirkt die Arbeit unruhig.

Fein gewebte Stoffe, bei denen keine Oberflächenstrukturen erkennbar sind, können bedenkenlos zugeschnitten werden. Sind die Gewebe locker und verziehen sich leicht, bügelt man vor dem Ausschneiden auf der Rückseite aufbügelbare Vlieseline oder Retovlies auf. Die Gewebe werden dadurch fest und fransen nicht aus. Nachteilig ist allerdings, daß dann die Nadel schwerer durch das Gewebe dringt. Durchsichtige Stoffe können nicht unterlegt werden, weil das aufgebügelte Material sichtbar wäre. Außerdem erzielt man mit übereinandergelegten durchsichtigen Stoffen interessante Mischtöne in einer Applikation.

Bei gemusterten Stoffen ist aus dem Stoffmuster eine geeignete Stelle herauszusuchen und entsprechend den Schnittmusterformen auszuschneiden.

Stark fransende Stoffe kann man mit kleiner Stoffzugabe zuschneiden, diese Zugabe umschlagen, heften, bügeln und dann den Stoff an den Rändern aufnähen. An Rundungen und Ecken wird der Stoff in der Breite der Zugabe eingeschnitten, um die Form gut herauszuarbeiten. Sehr kleine Formen, Linien usw., die sich nicht aus Stoff schneiden lassen, sind aufzusticken.

Vor dem Zuschneiden ist zu beachten, ob die Stofformen in der Applikation aneinander oder übereinander genäht werden (siehe Abb. unten). Beim Übereinandernähen schneidet man das untere Stoffteil an betreffender Stelle mit $\frac{1}{2}$ bis 1 cm Stoffzugabe zu. In der Schnittmusterzeichnung sind diese Stellen durch selbstgewählte Zeichen genau zu markieren.

Soll zum Beispiel ein Haus mit Hauswand und Dach appliziert werden, wird die Schnittmusterform der Haus-

wand am oberen Rand gekennzeichnet und später mit Untertritt zugeschnitten. Vorbild für das Aufnähen der Teilformen ist immer der wirkliche Gegenstand.

Man paust die Motive auf die Stoffvorderseite oder zerschneidet die Schnittmusterzeichnung zu einzelnen Schablonen, steckt diese am betreffenden Material fest und überträgt die Umrisse mit Bleistift, Schneiderkreide oder einem Seifenstückrest. Es ist auch möglich, die Formen auf der Rückseite des Stoffes aufzuzeichnen, doch dann muß man auf die richtige Lage der Schablone achten, damit das ausgeschnittene Motiv nicht seitenverkehrt wird.

***Stoffteile befestigen:*** Die ausgeschnittenen Stoffteile werden auf dem Grundmaterial geordnet und mit Stecknadeln festgesteckt. Meist dient der farbige Entwurf als Muster. Ab und zu wird eine vorbereitete Transparentzeichnung auf die Arbeit gelegt, um zu überprüfen, ob die Teile an gewünschter Stelle liegen.

Ist die Applikation anspruchsvoll und reicht ein Ordnen der Teile auf dem Grundmaterial mit Hilfe der Transparentzeichnung nicht aus, wählt man die Stechpause (siehe Seite 55).

Folgende Arbeitsschritte sind dann nötig:
- Grundmaterial fadengerade auf weicher Unterlage ausbreiten
- Stechpause gerade auflegen
- entlang der durchstochenen Linien mit Zeichenkohle oder Kreide nachziehen, gut geeignet ist auch Vordruckfarbe
- die auf dem Grundmaterial entstehenden Linien nachziehen. Anschließend werden die Teile mit Heftstichen auf das Grundmaterial geheftet.

Das abschließende Annähen erfolgt mit Zweck- oder Zierstichen, die in den Kapiteln „Nähen“ und „Sticken“ genau beschrieben sind (Abb. Seiten 22, 67, 69). Zweck-

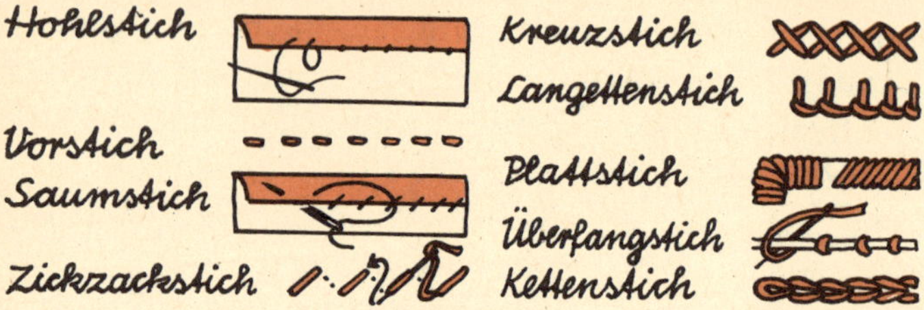


stiche dienen lediglich der Befestigung, die Zierstiche bereichern die Applikation dekorativ. Welcher Aufnähstich gewählt wird, ist von der Stoffart und von der gewünschten Wirkung abhängig.

Soll eine Naht unsichtbar sein, näht man die Stoffteile mit farblich passendem Garn im Hohlstich an. Nichtfransende Stoffe lassen sich mit Vorstichen, kleinen Saumstichen, Zickzackstichen oder Stielstichen aufnähen. Zum Einfassen fransender oder locker gewebter Stoffe eignet sich der Langettenstich oder ein dicht gestickter Spannstich. Diese Stiche sind auch bei nichtfransenden Stoffen anzuwenden. Man braucht sie dann nicht so dicht zu arbeiten.

Möglich ist ebenfalls ein Umranden der einzelnen Formen mit Schnüren, Wolle usw. Das Motiv wird vorher mit dichten Stichen aufgenäht, die Schnur am Rand der Stoffteile entlanggelegt und mit Überfangstichen befestigt. Dabei umfaßt der Nähfaden die Schnur und sticht in kurzen Abständen abwechselnd unterhalb und wieder gerade oberhalb der Schnur in den Stoff.

Applizierteile mit der Nähmaschine aufzunähen, ist dem Anfänger nur in Ausnahmefällen zu raten, da sich die Stoffe leicht verziehen. Das Handnähen ist einfacher, und man erzielt außerdem durch die Stickstiche eine zusätzliche Verzierung.

Stoffe sollten aber nicht auf textilen Untergrund aufgeklebt werden. Der Kleber hinterläßt unschöne Flecken und macht schmiegsame Stoffe hart und brüchig. Außerdem entspricht diese Art der Verarbeitung nicht der „Aufnäharbeit“, bei der Gewebe mit Gewebe durch Fäden verbunden wird.

## Vorschläge zum Nacharbeiten: Applizieren

(siehe Farbteil „Applikation“)

*Applikationen an Bekleidungsstücken*

Hemden, Blusen, T-Shirts, Pullover, Kleider und vieles mehr kann man mit Applikationen wirkungsvoll schmükken. Wichtig ist, daß die aufzunähenden Stoffe farblich und im Material zum Bekleidungsstück passen, nicht färben und fest aufgenäht werden, um beim Waschen nicht auszufransen.

*Drei Spieltiere*

**Material:** verschiedene Stoff-, Filz-, Leder- und Wachstuchreste (für jede Kopfform ist ein etwa 42 cm mal 42 cm großes Stoffstück nötig), passendes Nähgarn, Stickgarn, Schaumstoffflocken.

**Arbeitsanleitung:** Schnittmuster anfertigen. Für jedes Spieltier 2 Stoffteile in Kopfform zuschneiden. Alle Applizierteile zuschneiden. Applikationen und Stickereien auf der Vorderseite anbringen. Vorder- und Rückseite mit Steppstich verbinden, wobei die Ohren mit eingenäht werden. 5 cm große Öffnung belassen, Schaumstoffflokken einstopfen, Öffnung schließen (Abb. Seite 60).

*Wandbehang* (Kollektivarbeit)

**Material:** fester Grundstoff (60 cm mal 90 cm groß), Wolpryla-Dekostoff (60 cm mal 90 cm groß), Stoffreste zum Applizieren, passendes Näh- und Stickgarn, 3 m Kordel, 2 Leisten 54 cm lang.

**Arbeitsanleitung:** Jeder Beteiligte erhält je ein Stoffrechteck des Dekostoffes und entwirft ein Motiv zum Thema. Die Einzelentwürfe zum Gesamtentwurf zusammenfügen, notwendige Veränderungen vornehmen. Anschließend schneidet jeder die Applizierteile nach seinem Entwurf aus und näht sie auf. Dabei müssen die ausgewählten Stoffe farblich und im Material aufeinander abgestimmt sein und sollten mehrmals in den Einzelapplikationen auftauchen. Nach dem Applizieren Stoffrechtecke auf den Grundstoff nähen, Grundstoff säumen, mit dünner Kordel einrahmen, Behang an Leisten anbringen, die unsichtbar bleiben sollen.

# Sticken

## Was man über das Sticken wissen sollte

Beim Sticken wird mit Hilfe einer Nadel ein Faden durch den Stoff gezogen. Da Nadelstiche und Fadenverlauf sehr unterschiedlich sein können, entstehen vielfältige Motive, die den Stoff zieren.

Sticken ist eine alte Handarbeitstechnik. Bereits lange vor unserer Zeitrechnung war sie in Ägypten und Griechenland bekannt. Bei uns stickt man erst seit ungefähr 1000 Jahren. In Stickereistuben der Könige, in Werkstätten der Frauenklöster und der Adligen entstanden kostbare Bekleidungsstücke, Wandteppiche und Altardecken mit Gold-, Silber- und Perlenstickerei.

Jahrhundertelang gab es in Zünften organisierte „Nahterer", die das Sticken berufsmäßig ausübten. Sie lernten als wandernde Handwerksgesellen mannigfaltige Stickmuster und Techniken kennen. In Musterbüchern wurden die kunstvollen Vorlagen gesammelt. Immer dem Geschmack der Zeit entsprechend, wandelten sich Stoffe, Garne und Muster.

Für die adligen Mädchen war Sticken ein Zeitvertreib. Später übernahmen die Töchter der Bürger die Stickereikunst. Sie verzierten ihre Aussteuer wie Bettzeug, Tischtücher, Leibwäsche und Kleider mit reichen Blumenornamenten, Tiermotiven, geometrischen Mustern und Monogrammen (Namenszeichen).

Zur wahren Volkskunst entwickelte sich das Sticken jedoch erst, als auch die Mädchen und Frauen aus dem einfachen Volke ihre Trachten und vielerlei Wohnraumzubehör mit zahlreichen Motiven dekorierten. Sehr jung noch, übten die Bauernmädchen fleißig erste Lehrstücke. Oft wurden die Muster „aus dem Kopf" gestickt oder vorhandene Stickereien abgewandelt. Erhalten gebliebene Stücke zeugen vom Farben- und Formenreichtum der Motive.

Die Lausitzer sticken noch heute gern an ihren Volkstrachten. Und wer kennt nicht die reich mit Stickerei geschmückten Trachten aus der Sowjetunion, aus Ungarn, aus Indien und aus vielen anderen Ländern.

Die alte Volkskunst gibt bis in die Gegenwart viele Anregungen für Muster, die modische Kleidung oder Raumtextilien in abgewandelter und neu durchdachter Form zieren können.

## Was man zum Sticken benötigt

Zu den Stickmaterialien gehören Stoff, Stickgarn, Sticknadeln, Schere und Stickrahmen. Soll eine Arbeit gut gelingen, muß man Stoff, Garn und Nadel passend zueinander wählen.

Zum Besticken sind die einfarbigen, grobfädigen Stoffarten, wie zum Beispiel Panamastoff, Stickleinen, verschiedene Mischgewebe, Aidastoff oder Stramin, besonders geeignet, weil sich ihre Stoffstrukturen deutlich erkennen und die Gewebefäden gut auszählen lassen. Man verwendet sie zum fadengebundenen Sticken. Das bedeutet, daß die Stickfäden jeweils über eine bestimmte Anzahl von Gewebefäden gespannt und zu einem Motiv gearbeitet werden können, beispielsweise Kreuzstich, Webstich, Plattstich. Den doppelfädigen Stramin und den groben Aidastoff überstickt man sogar vollständig. Auf dichterem, nicht zählbarem Gewebe wird meist nach freien Zeichnungen gestickt.

Gebräuchliche Stickgarne sind Sticktwist, Matt- und Glanzstickgarn, Perlgarn, Stickgarn aus Baumwolle oder Wolle. Der Anfänger sollte mit kochechtem Mattstickgarn und Perlgarn oder auch mit Baumwollschulgarn der verschiedenen Farben sticken. Die Garne gibt es in Form von Docken und Knäuel.

Sticknadeln haben ein großes, längliches Nadelöhr, damit die dicken Stickfäden gut hindurchpassen. Sie sind in der Länge und Stärke unterschiedlich, mit stumpfem oder spitzem Ende. Dünne Nadeln benutzt man für feine Gewebe und Garne, dicke Nadeln für grobe Stoffe und dicke Garne. Die stumpfen Nadeln werden zum fadengebundenen Sticken verwendet. Mit ihnen stickt man mühelos in die Zwischenräume der Gewebefäden, ohne diese selbst zu durchstechen und den Stoff zu beschädigen. Für Stickereien nach freier Zeichnung eignen sich spitze, am besten 4 cm lange Nadeln.

Zwei Scheren sind notwendig, eine kleine, spitze für die Fäden, eine größere mit geraden Schneiden für die Stoffe.

Die üblichen runden Stickrahmen bestehen aus zwei ineinanderliegenden Holz- oder Plastringen, zwischen die der Stoff gespannt wird.

Als Vorlagen für die Stickerei dienen Abplättmuster, Zählmuster, Musterzeichnungen oder selbst entworfene Muster.

## Wie wird gestickt

Sticken ist besonders gut auf zählbarem Gewebe zu erlernen. Es sollte möglichst eine gleiche Anzahl von Fäden in der Höhe und Breite aufweisen, zum Beispiel Aidastoff. Auf diesem Stoff werden die Stiche gleichmäßig.

Es gibt sehr viele verschiedene Stickstiche. Als Anfänger muß man nur einige beherrschen. Nicht eine Vielzahl verschiedener Zierstiche macht eine Stickerei schön, sondern die harmonische Abstimmung zwischen Material, Farben und Sticksticharten. Zur Übung ist zu empfehlen, die wichtigsten Stiche auf ein Stickprobetuch zu arbeiten.

● ***Arbeitsbeispiel: Stickprobetuch*** (Abb. Seite 67)
**Material und Werkzeug:** ein Stück Aidastoff (etwa 21 cm mal 30 cm), Perlgarn oder Sticktwist in rot, Heftgarn, eine stumpfe Sticknadel, Näh- und Stecknadeln, Zentimetermaß, Schere.

**Stoff zuschneiden und als Stickprobetuch vorbereiten:** Ein 21 cm mal 30 cm großes Stück Aidastoff fadengerade abschneiden. Die Schnittkanten 1 cm umschlagen, feststecken und heften (siehe Seite 21).

**Stickfaden abschneiden und einfädeln:** Vom Knäuel einen etwa 60 cm langen Stickfaden abschneiden. (Aus einer Docke das Fadenende herausziehen, bis der Stickfaden die erforderliche Länge hat. Das Etikett nicht abstreifen.) Die dicken Stickfäden lassen sich am günstigsten einfädeln, wenn sie umgebogen durch das Nadelöhr gedrückt werden.

**Faden befestigen:** Gestickt wird ohne Knoten am Fadenende. Ein Knoten könnte bei grobem Gewebe durch den Stoff rutschen. Bei festem Gewebe zeigt er sich nach dem Bügeln auf der Vorderseite, und das sieht nicht schön aus. Deshalb den Faden immer etwa 4 cm lang hängen lassen.

**Handhaltung und Arbeitsbeginn beim Sticken:** Der Stoff wird mit der linken Hand und die Nadel mit der rechten Hand gehalten wie beim Nähen. Zunächst keinen Stickrahmen benutzen, weil sich die Stiche ohne Rahmen leichter erlernen lassen. Die Stickerei auf dem Stickprobetuch 2 cm vom oberen und rechten seitlichen Rand entfernt beginnen. Das Fadenende bleibt auf der Rückseite etwa 4 cm hängen, befestigt wird es durch die folgenden Stiche. Bei den weiteren Fäden kann man das Ende des Stickfadens auf der Rückseite des bereits Gestickten verstechen und den Faden an richtiger Stelle auf die Vorderseite bringen. Den Faden beim nachfolgenden Sticken nicht zu fest anziehen, sonst wird der Stoff kraus. Auf der Rückseite soll die Arbeit nur kurze Spannfäden zeigen. Auf dem Stickprobetuch – wo sich Reihe an Reihe schließt – wird es gelingen. Auch bei allen weiteren Stickereien versuchen, kurze Fadenübergänge zu finden.

**Zierstiche sticken** (Abb. Seiten 67, 69): Die wichtigsten Stickstiche in gleichmäßigen Abständen reihenweise untereinander auf das Stickprobetuch arbeiten. Zwischen den Reihen jeweils 2 cm Abstand lassen.

– Vorstich

Der vom Nähen her als Heftstich bekannte Stich wird, mit farbigem Garn gestickt, zum hübschen Zierstich. Die Nadel mit dem Faden von rechts nach links in gleichmäßigen Abständen auf und ab durch den Stoff führen, jeweils 3 Gewebestege übersticken.

– Webstich

Der Webstich ist eine Abwandlung des Vorstiches. Ein einfacher Webstich entsteht, wenn nur ein Gewebesteg aufgenommen, der nächste übergangen und das regelmäßig fortgesetzt wird. Die zweite Reihe arbeitet man versetzt: den aufgenommenen Gewebesteg übergehen, den übergangenen aufnehmen.

Webstich kann auch nach Zählmuster gearbeitet werden, wobei meist geometrische Muster entstehen.

– Stielstich

Man stickt den Stich von links beginnend entlang einer Linie. Nach dem Ausstechen (von unten durch den Stoff nach oben stechen) zunächst einen Stich nach rechts (über 4 Gewebestege) arbeiten, dann den Faden auf der Rückseite in halber Stichlänge (über 2 Gewebestege) nach links zurückführen und wieder durch den Stoff hinaufstechen. Die Ausstichstelle liegt im Probetuch oberhalb des Stickfadens. Auch den zweiten Stich nach rechts (über 4 Gewebestege) sticken und den Faden am Ende des ersten Stiches wieder hochführen. So werden alle weiteren Stiche gearbeitet. Es ist darauf zu achten, daß der Stickfaden immer im Bogen nach unten liegt.

– Kreuzstich

Der Kreuzstich ist der bekannteste Zierstich. Ein Kreuzstich besteht aus zwei Stichen, einem Unterstich und einem Deckstich. Diese Stiche überspannen die Gewebefäden so, daß sie in der Höhe und Breite ein Quadrat ausfüllen. Waagerechte und senkrechte Reihen entstehen in 2 Arbeitsgängen. Nur bei schrägen Reihen arbeitet man jedes Kreuz in einem Arbeitsgang.

Eine waagerechte Reihe arbeiten: In der Hinreihe zunächst alle Unterstiche von links unten schräg nach rechts oben sticken. In der Rückreihe alle Deckstiche entgegengesetzt – von rechts unten nach links oben – arbeiten. Alle Unter- und Deckstiche müssen immer in gleicher Richtung verlaufen. Auf der Rückseite sind dann nur senkrechte Fäden zu sehen.

– Spannstich

Wie der Name es aussagt, überspannen locker gestickte Fäden das Gewebe. Man kann von links nach rechts (waagerecht), von unten nach oben (senkrecht) oder schräg über eine Fläche arbeiten.

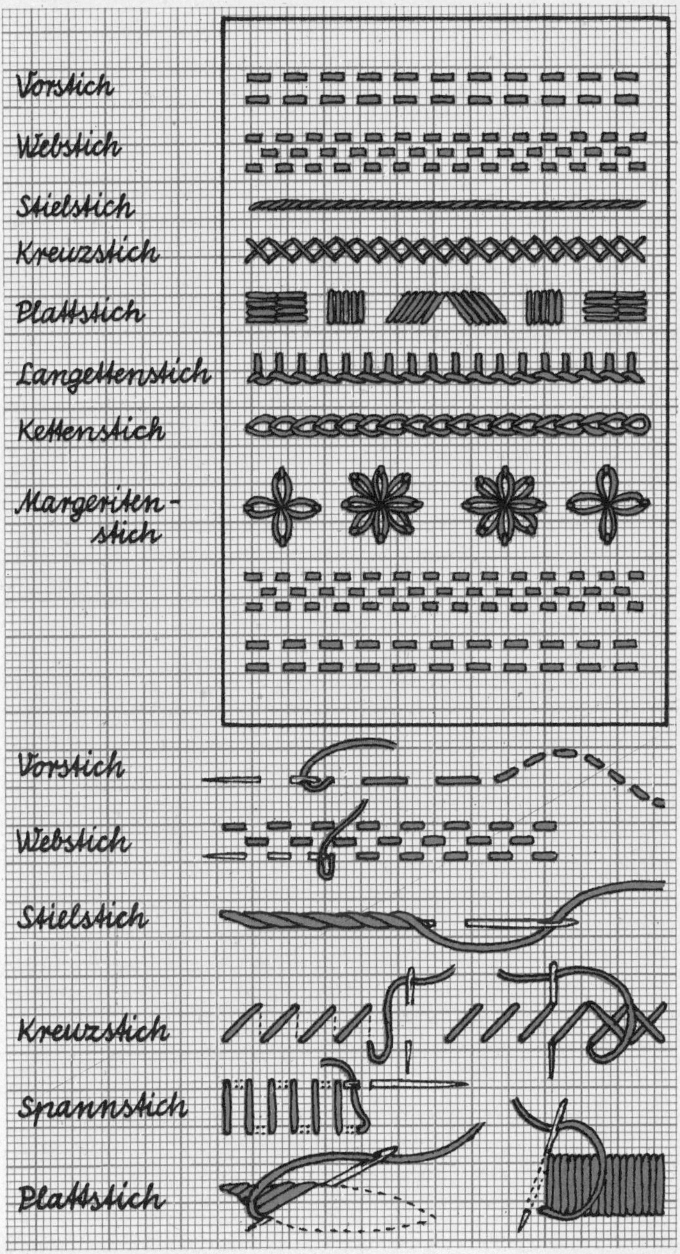
Vorstich
Webstich
Stielstich
Kreuzstich
Plattstich
Langettenstich
Kettenstich
Margeriten-
stich
Vorstich
Webstich
Stielstich
Kreuzstich
Spannstich
Plattstich

Beim Probetuch den Faden waagerecht führen. Links liegt die Ausstichstelle, der Faden spannt sich über mehrere Gewebefäden (im Beispiel über 3 Stege) nach rechts. Rechts in den Stoff einstechen, den Faden auf der Rückseite zurückspannen und unterhalb der ersten Ausstichstelle zur Vorderseite durchstechen. So fortsetzen. Man kann auch von der Ausstichstelle links den Faden nach rechts spannen, einstechen, auf der Rückseite einen senkrechten kleinen Vorstich arbeiten und den Faden auf der Vorderseite von rechts nach links zurückspannen.

– Plattstich

Er kann waagerecht, senkrecht oder schrägliegend gestickt werden, sogar ineinandergreifen, wenn große Flächen zu füllen sind.

Viele nicht zu lange Stiche ganz dicht beieinander arbeiten. Dabei den Faden am Ausgangspunkt der Stickerei von unten durch den Stoff und entsprechend der gewünschten Stichlänge (im Beispiel über 3 Gewebestege) gegenüberliegend hineinstechen. Auf der Rückseite führt man das Garn unter der gesamten Stickfläche zurück und kommt nahe des ersten Ausstichpunktes wieder nach oben. Vorder- und Rückseite sind zum Schluß so dicht mit Sticklagen ausgefüllt, daß der Grundstoff nicht mehr zu sehen ist.

– Langetten- oder Schlingstich

Man arbeitet ihn von links nach rechts. Die Nadel mit Faden am unteren Rand des Stiches auf die Vorderseite bringen und in einigem Abstand rechts schräg oben wieder kurz einstechen (im Stickbeispiel 2 Gewebestege nach rechts, dann 2 Gewebestege nach oben abzählen), dabei eine Fadenschlinge stehenlassen und mit dem Daumen festhalten. Sogleich die Nadel senkrecht genau unterhalb des Einstiches (im Stickbeispiel 2 Gewebestege nach unten abzählen) wieder ausstechen, so daß sie durch die Fadenschlinge gezogen wird. Der Faden der Schlinge liegt also unter der Nadel. Arbeitsfaden anziehen. Dann erneut oben in den Stoff stechen und die nächste Schlinge arbeiten. Beginnt man einen neuen Faden, ist mit dem alten Faden noch einzustechen, mit dem neuen Faden aus der letzten halben Schlinge auszustechen.

– Kettenstich

Man kann ihn waagerecht, senkrecht und auch im Bogen arbeiten. Beim waagerechten Sticken auf dem Probetuch rechts am Beginn der Sticklinie ausstechen, dann eine Schlinge nach links legen und sie mit dem linken Daumen festhalten. Jetzt wird die Nadel wieder in den Ausstichpunkt zurückgestochen und kommt gleich seitlich links davon in geringem Abstand wieder auf die Vorderseite (im Beispiel 3 Gewebestege aufnehmen). Der zur Schlinge gelegte Faden liegt dabei unter der Nadelspitze. Nun eine neue Schlinge nach links legen und wiederum am Ausstichpunkt einstechen. Gleichmäßige Abstände halten. Den Faden nicht zu fest ziehen, sonst entsteht statt einer breiten Kette nur eine Linie.

– Margeriten- oder Blütenstich

Kettenstiche einzeln in der Runde gestickt bilden kleine Blüten. Auf fadengebundenem Material entsteht eine vierstrahlige Blüte.

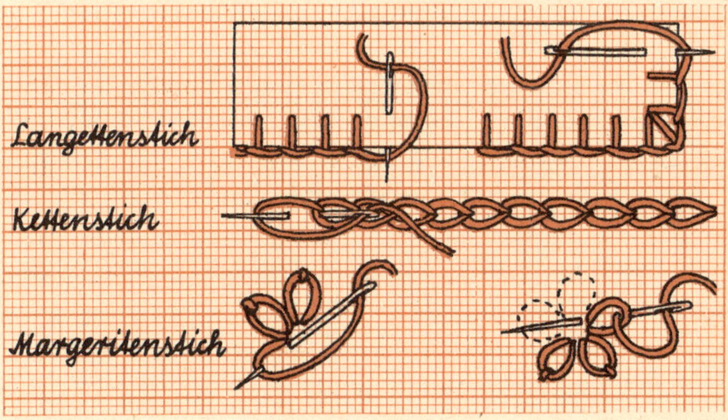

Zunächst einen Kettenstich arbeiten. Nach der ersten Schlinge den Faden oberhalb mit einem kleinen Spannstich übersticken und die Nadel zum Ausstichpunkt des Kettenstiches zurückführen. Der Ausstichpunkt wird dann zum Blütenmittelpunkt. Auf diese Weise weitere Kettenstiche arbeiten, bis sich die Runde schließt.

Das Stickprobetuch vollenden, indem nochmals versetzte Webstiche und eine Reihe Vorstiche gestickt werden.

Abschließend die Ränder des Tuches mit 1 cm breiten Langettenstichen umsticken (siehe Seite 68). Zur Eckbildung 2 oder 3 Langettenstiche in die Eckausstichstelle arbeiten. Heftfäden entfernen.

● *Arbeitsbeispiel: Stickprobe für freie Stickerei*

**Material und Werkzeug:** ein Stück leinenbindiger Stoff, z. B. vom Laken (14 cm mal 18 cm), Sticktwist in mehreren Farben, spitze Sticknadel, Heftgarn, Näh- und Stecknadeln, Zentimetermaß, Schere, Zeichenpapier, Bleistift, Radiergummi.

**Stoff vorbereiten:** Den Stoff an den Kanten ½ cm einschlagen, dann entsprechend umschlagen, feststecken und heften (siehe Seite 21).

**Blütenmotiv entwerfen:** Auf Zeichenpapier ein Blütenmotiv entwerfen, das die zu bestickende Fläche von 12 cm mal 16 cm gut ausfüllt. Schon beim Entwurf des Blütenmotivs ist zu bedenken, daß die einzelnen Formen mit verschiedenen Stickstichen gearbeitet werden sollen, das sind der Vorstich (siehe Seite 65), der Stielstich (siehe Seite 66), der Spannstich (siehe Seite 66), der Plattstich (siehe Seite 68), der Langettenstich (siehe Seite 68), der Kettenstich (siehe Seite 69) und der Margeritenstich (siehe Seite 69).

Den Entwurf auf den Stoff bringen, entweder direkt auf den Stoff zeichnen oder mittels Stechpause (siehe

Seite 57) übertragen. Bei dünneren Stoffen kann der Entwurf unter den Stoff gelegt und nachgezeichnet werden.

**Ziersticher sticken:** In den Abbildungen Seite 75 und 76 ist die Anwendung einiger Stickstiche zu sehen. Vorstich und Stielstich eignen sich für Blütenstiele, Spannstich, Plattstich, Kettenstich und Margeritenstich für Blüten, der Langettenstich, der Spannstich oder der Plattstich für Blätter.

Die Stickprobe nach dem eigenen Entwurf fertigstellen.

Beim Sticken darauf achten, daß man auf der Rückseite der Stickerei kurze Fadenübergänge findet. Ist das nicht möglich, so kann der Stickfaden zum neuen Stickbeginn durch die Spannfäden der Rückseite gezogen werden. Man kann ihn auch verstechen, abschneiden und neu beginnen.

Das Tuch an den Rändern mit Langettenstichen einfassen. Dazu in 0,5 cm Entfernung vom Rand regelmäßig in Abständen von 1 cm Markierungen anzeichnen und jeweils 3 Langettenstiche in eine Markierungsstelle sticken. Zur Eckbildung 3 mal 3 Langettenstiche in die Eckmarkierung arbeiten.

● ***Weitere Hinweise zum Sticken***

***Umgang mit dem Stickrahmen***: Mit Hilfe eines Stickrahmens kann man die zu bestickende Stelle des Stoffes gleichmäßig spannen. Den Stoff dazu über den inneren Ring legen und den äußeren Ring, der durch Schrauben verstellbar ist, darüberschieben. Nicht zu fest spannen, sonst verzieht sich der Stoff. Der Stickrahmen wird links, die Nadel rechts gehalten. Den seitlich hängenden Stoff legt man zusammen, greift mit der Hand darüber oder steckt ihn mit Stecknadeln in Rahmenhöhe fest, so daß man beim Sticken nicht behindert wird.

Beim Sticken größerer Motive wird nach Vollendung

des Ausschnittes eine neue Stickstelle in den Rahmen gespannt. Dabei ist sehr vorsichtig zu verfahren, weil eventuell schon bestickte Flächen zwischen die Ringe gelangen und verdrückt werden könnten.

***Abplättmuster:*** Wer sich anfangs nicht zutraut, Stickmuster selbst zu zeichnen, kann Abplättmuster nutzen. Sie enthalten meist einzelne Ornamente oder Ornamentgruppen, die man selbständig zu Dekors anordnen kann (siehe Seiten 8 bis 12).

Zunächst die Beschreibung zum Abplättmuster lesen. Dann werden die Motive ausgeschnitten. Vor dem Aufbügeln wird das Papier zusammengesteckt, so daß Dekors entstehen, und auf dem Stoff festgesteckt oder festgeheftet, wobei die Farbschicht des Abplättmusters auf der Stoffseite liegt! Auf das Abplättmuster sollte man ein Tuch legen, damit der Stoff beim Aufbügeln nicht versengt. Anschließend setzt man das heiße Bügeleisen etwa 5 Sekunden auf das Muster. Zur Kontrolle ist vorsichtig eine Ecke des Abplättmusters anzuheben und zu überprüfen, ob das Muster bereits auf dem Stoff sichtbar ist. Wenn nicht, muß man das Bügeleisen noch mal darauf stellen. Sicher ist das Abbügeln eine einfache Sache. Jedoch macht es viel mehr Spaß, selbstgestaltete Muster zu sticken. Der Vorteil ist außerdem, daß man sie passend zu anderen Dingen des Wohnraumes oder zur Bekleidung entwerfen kann.

***Kreuzstichmuster entwerfen*** (siehe Farbteil „Sticken“): Fertige Vorlagen für Kreuzstich heißen Zählmuster. Sie werden nicht auf den Stoff übertragen, sondern beim Nachsticken am Gewebe abgezählt. So entsteht eine genaue Verbindung zwischen Stoff und Stickerei, die kennzeichnend für Kreuzsticharbeiten ist. Ungeeignet sind aus diesem Grunde Kreuzstichabplättmuster, da sich hier Stickerei und Gewebemuster nicht harmonisch verbinden.

Auf Kästchenpapier kann man selbst Muster entwerfen. Für jeden Kreuzstich aus Unterstich und Deckstich ein Kreuz zeichnen oder das Kästchen ganz ausfüllen. Günstig ist es, gleich mit Farbstiften zu entwerfen. Dabei sind die Gesetzmäßigkeiten des dekorativen Gestaltens zu beachten (siehe Seiten 8 bis12). Nicht viele verschiedene bunte Ornamente schmücken eine Kreuzsticharbeit, sondern klare Formen und gute Formverteilung auf der Fläche.

**Schmale und breite Kanten bilden:** Zunächst eine einfache Zierborte entwerfen. Einzelne Kreuze mit gleichbleibendem Abstand aneinanderreihen, eine zweite Reihe darüber oder darunter, die Kreuze jedoch senkrecht oder waagerecht versetzen. Es entstehen Bänder. Sehr hübsch sind Kanten, die auf einer oder an beiden Seiten durch eine geschlossene Kreuzstichreihe begrenzt sind. Zwischen den Reihen können geometrische oder gegenständliche Formen liegen. Zierkanten lassen sich auch aus einzelnen Motiven zusammenstellen. Stickereien wirken unterschiedlich, wenn entgegengesetzte Flächen des Stoffes bestickt werden (Abb. Seite 74). Immer sollte man darauf achten, daß im Muster geschlossene Formen als Blickfang vorhanden sind.

**Flächenmuster entwickeln:** Sie können aus einzelnen Motiven entstehen, die man aneinanderreiht. Wichtig ist, zwischen den Motiven richtige Abstände zu lassen, um eine ausgeglichene Wirkung der Stickerei zu erzielen. Man kann Flächen auch vollständig mit Kreuzstich ausfüllen, wobei die Ornamente durch die Farben zur Geltung kommen. Sehr dekorativ wirken auch untereinandergereihte Kanten auf einer Fläche.

**Bildung einer Ecke** (Abb. Seite 74): Man stellt einen randlosen Taschenspiegel diagonal auf das Zählmuster. Im Spiegelbild ist zu sehen, wie sich die Kante übereck fortsetzt.

Bildung einer Ecke

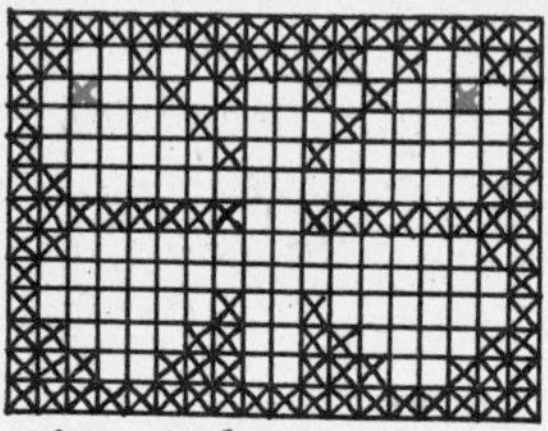

Negativform

Eine passende Stelle aussuchen und dem Spiegelbild entsprechend die Ecke auf dem Zählmuster einzeichnen.

**Bildung eines kreisförmigen Motivs:** Zwei randlose Spiegel im rechten Winkel zueinander auf das Zählmuster stellen. Das Spiegelbild zeigt das kreisförmige Motiv, das aufgezeichnet werden kann.

***Entwerfen von Mustern für freie Stickereien*** (Abb. Seite 75): Auf dicht gewebten Stoffen, deren Gewebefäden man nicht auszählen kann, wird nach „freien Zeichnungen" gestickt (siehe Seite 70). Vor dem Entwerfen eines Stickmotivs ist zu überlegen, welches Arbeitsstück verziert und wie die Stickerei angebracht werden soll. Wie bei allen Handarbeiten gilt beim freien Sticken, daß die Ornamente schmückende Funktion haben und sich der Form des Arbeitsstückes anpassen müssen.

Entwickeln lassen sich geometrische und gegenständliche Formen. Anfangs sollte man versuchen, geometrische Formen zu zeichnen, Quadrate, Rechtecke und Kreise mit verschiedenen Linien auszufüllen. Naturformen nicht von Vorlagen abgucken, sondern die Naturgegenstände selbst genau betrachten und danach entwerfen.

Wichtig ist, kein „Bild" mit Vorder- und Hintergrund (also mit Perspektive) zu entwerfen, sondern ein Ornament zu entwickeln. Das bedeutet, sich auf das Typische der Naturformen zu beschränken, sie vereinfacht darzustellen, das Verhältnis der Teile zum Ganzen zu beach-

ten. Das Anordnen der Ornamente zu Dekors gleicht einem Musikwerk. Wie die Töne zusammenklingen, wollen auch die einzelnen Gestaltungselemente auf einer Fläche in eine ausgewogene Anordnung gebracht werden (siehe Farbteil „Ornamente“).

## **Vorschläge zum Nacharbeiten: Sticken** (siehe Farbteil „Sticken“)

***Stickereien mit Blütenmotiven***
**Material:** verschiedenfarbiger Sticktwist, spitze Sticknadel, Bluse, Tuch usw.

**Arbeitsanleitung:** Motiv entwerfen (siehe Seite 74), auf den Stoff übertragen (siehe Seite 70), die verschiedenen Arbeitsstücke – Decken, Tücher, Blusen, T-Shirts, Pullover, Westen usw. – frei nach der Vorlage mit den unterschiedlichen Stichen besticken.

***Gesticktes Bild***
**Material:** einfarbiger fester Stoff (so groß, daß er sich gut in den Stickrahmen einspannen läßt), verschiedenfarbiger Sticktwist, spitze Sticknadel.

**Arbeitsanleitung:** Motiv entwerfen. Günstig ist es, eine gegenständliche Form, zum Beispiel ein Pflanzen- oder Tiermotiv, zu zeichnen. Es muß nicht symmetrisch sein, sich aber gut über die Fläche verteilen. Beim Entwurf von

der Größe des Bilderrahmens ausgehen. Motiv auf Stoff übertragen (siehe Seite 70) und in verschiedenen Stickstichen aufsticken.

*Gürtel im Kreuzstichmuster*

**Material:** Aidastoff 6 cm breit, 1 m lang, Perlgarn oder Sticktwist in 3 verschiedenen Farben (untereinander und zum Bekleidungsstück passend).

**Arbeitsanleitung:** Farbigen Entwurf entsprechend der Gürtelbreite anfertigen (siehe Seite 72). 1 cm vom oberen und seitlichen Rand entfernt die 1. Kreuzstichreihe stikken, dann die Motive arbeiten. Anschließend den Untergrund füllen. Gürtel in der Länge zur Hälfte legen (rechts auf rechts), nahe der Stickkante zusammensteppen. An einer Breitseite Öffnung belassen. Gürtel mit Hilfe eines Holzstabes (Holzkelle) wenden. Öffnung schließen, Quasten annähen (siehe Seite 147).

# Weben

## Was man über das Weben wissen sollte

Weben ist eine Technik zum Herstellen von Geweben, die man seit alters beispielsweise für Bekleidungsstücke, Raumtextilien oder für den täglichen Bedarf im Haushalt braucht. Beim Weben werden Fäden senkrecht und waagerecht miteinander verkreuzt, es entstehen sogenannte Bindungen. In Längsrichtung verlaufen die Kettfäden, quer dazu die Schußfäden, auch Kette und Schuß genannt.

Die Webtechnik ist über 5000 Jahre alt. Verfolgt man die Entwicklung der Webgeräte von der Urgesellschaft bis zur Gegenwart, so kann man den technischen Fortschritt erkennen. Weben entstand aus dem Flechten, wobei Leder, Fellstreifen und später Fäden miteinander verbunden wurden. Die ersten Webgestelle bestanden aus zwei senkrecht in die Erde getriebenen Holzpfählen und einem querliegenden Holzstamm. Der Weber spannte die Kettfäden mittels Steinen über den Holzstamm und arbeitete die Schußfäden waagerecht ein. Verbessert wurden die Webgeräte durch den Einbau von Kett- und Warenbaum, auch Spannrolle genannt (siehe Einband Innenseite – hinten). Die Bezeichnung der Teile als Kett-

und Warenbaum weist noch auf die ursprünglichen Webgestelle aus „Bäumen" hin. In der Bildweberei (Gobelinweberei) und der Teppichweberei wird auch heute noch mit senkrecht gespannten Kettfäden an Hochwebstühlen gearbeitet.

Seit etwa 1300 gibt es Flachwebstühle mit waagerecht verlaufenden Kettfäden. Viele Jahre hindurch gehörte der Handwebrahmen zu den Hausgeräten wie heute die Nähmaschine. Berufsmäßig stellten Handweber textile Gewebe her, 16 Stunden am Tag für einen so geringen Lohn, daß ihre Familien oft hungern mußten. In den ersten Textilfabriken, die infolge der technischen Revolution entstanden, arbeiteten Männer, Frauen und sogar Kinder 12 bis 14 Stunden täglich an mechanischen Webmaschinen. Obwohl der Gewinn der Fabrikherren sehr hoch war, lebten die Weber in Armut. So kam es in den Textilzentren zu heftigen Streiks und Weberaufständen, die jedoch alle blutig niedergeschlagen wurden.

Heute ist die Webtechnik in modernen Großbetrieben vollautomatisiert. Qualifizierte Facharbeiter und Ingenieure richten die Webautomaten ein, kontrollieren und warten die Maschinen.

So wie sich die Webgeräte ständig weiterentwickelten, vervollkommneten sich die Webarten. Es entstanden die verschiedensten Bindungen und vielfältige Webmuster.

Alle Jahrhunderte hindurch wurde jedoch die Handweberei bewahrt. Textile Gebrauchsgegenstände und prachtvolle Bildteppiche zeugen von der handwerklichen und künstlerischen Meisterschaft ihrer Schöpfer. Die Webtechnik ist besonders geeignet, mit unterschiedlichen Materialien zu experimentieren und phantasievoll selbst zu gestalten.

## Was man zum Weben benötigt

Zum Weben sind Webmaterial für Kett- und Schußfäden, eine Webvorrichtung sowie eine Schere und ein Zentimetermaß notwendig.

Beim Weben können fast alle Garne, Vlieseline- und Filzstreifen, Stoff- und Trikotbänder, Teppichborten, Sattlergurte, Kordeln, Bindfäden, Lurexfäden, aber auch Naturmaterial wie Bast, Hanf, Stroh, Schilf, Maisblätter, trockene Zweige und Gräser oder Lederriemen verarbeitet werden.

Vlieseline ist als Meterware in Stoffgeschäften erhältlich. Filz gibt es für Bastelzwecke zu kaufen. Man kann auch alte Filzhüte waschen, glattziehen, in noch feuchtem Zustand bügeln und in Streifen schneiden.

Stoffreste, ausgemusterte Kleider und anderer textiler Hausrat liefert, in Bänder geschnitten, schönes Webmaterial (siehe Abb. unten).

Unbrauchbare Strümpfe und Strumpfhosen sind ebenfalls verwendbar: Oberen Rand und Fuß entfernen, Strumpf in Längsrichtung – also senkrecht – aufschneiden, das erhaltene rechteckige Stück in Querrichtung zusammenlegen und je nach Bandbreite ausgehend von der Bruchkante abwechselnd von unten und oben bis nahe

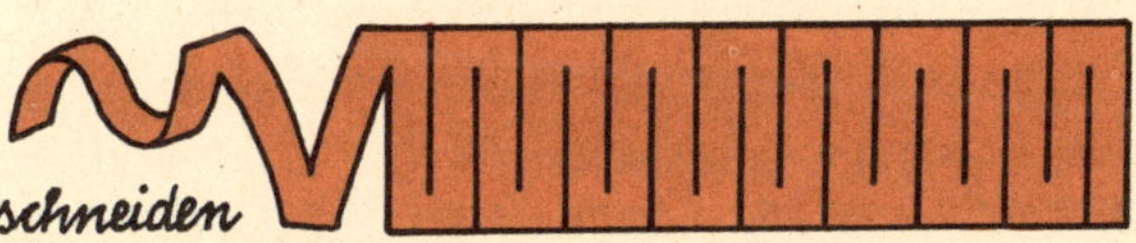

Band schneiden

zum Rand einschneiden. Zum Schluß entlang der ganzen Bruchkante bis zum ersten Einschnitt aufschneiden. Das entstehende Band straff über ein Brett wickeln.

Dient Naturmaterial als Schuß, beispielsweise bei Behängen, können eingearbeitete Samenkapseln, aufgefädelte Samen, Zapfen oder getrocknete Beeren und dergleichen sehr reizvoll wirken.

Für die ersten Webversuche mit Garn sind Reste gut zu verwerten. Man beachte aber, daß für die Kettfäden stets fest gedrehtes Garn verwendet wird. Die Kettfäden werden beim straffen Spannen und beim Einweben der Schußfäden stark beansprucht.

Der Schußfaden kann ein lose gedrehtes Garn sein, weich und schmiegsam. Noppig grobe Arbeiten entstehen, wenn abwechselnd dünne und dicke Fäden oder gar ungesponnene Wolle eingewebt werden. Einfache Webeinrichtungen lassen sich selbst herstellen, zum Beispiel aus einer Pappe, einem Pappdeckel, einem Bilderrahmen, aus zusammengeschraubten Leisten, zusammengebundenen Rundhölzern oder geschmiedetem Eisendraht.

Wer Spaß am Weben hat, sollte sich einen Kinderwebrahmen oder einen Rundwebrahmen schenken lassen. Es gibt sie in Spielwarengeschäften in verschiedenen Ausführungen zu kaufen.

## Wie wird gewebt

Das Verkreuzen von Kett- und Schußfäden erfolgt ähnlich wie beim Flechten und Stopfen. Bevor man mit Webarbeiten am Kinderwebrahmen beginnt, sind deshalb Flecht- bzw. Stopfarbeiten gute Vorübungen.

● ***Arbeitsbeispiel: Kleine Decke*** (Weben mit Garn auf einem Pappdeckel)

**Material und Werkzeug:** 3 m Baumwollschulgarn (für Kettfäden), farblich harmonierende Reste mittelstarker Wolle (für Schußfäden), Sticknadel mit stumpfem Ende (bzw. Kunststoffnadel oder Sicherheitsnadel) als Webnadel, weitzahniger Kamm oder Gabel, sehr fester Papp-

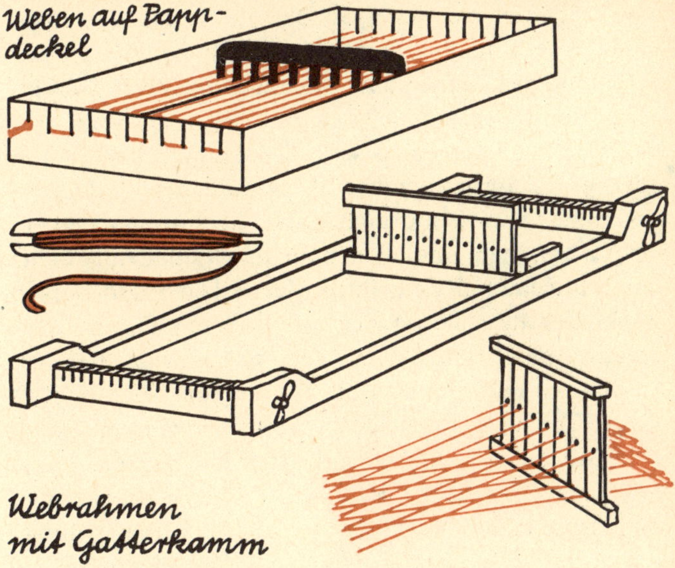

Weben auf Pappdeckel

Webrahmen mit Gatterkamm

deckel (z. B. Briefpapierverpackung), Lineal, Bleistift, Schere, Radiergummi.

**Webeinrichtung herstellen:** Ein fester Pappdeckel erhält an den schmalen Seiten genau gegenüberliegende Schlitze zum Spannen der Kettfäden. Die Anzahl der Schlitze sollte ungerade sein, zum Beispiel 11. Man zeichnet sich die Stellen in Abständen von 1 cm auf und schneidet die Schlitze 1,5 cm tief ein (siehe Abb. oben).

**Kettfäden spannen:** An den Baumwollfaden einen Knopf knoten. Den Faden links oben durch den ersten Schlitz stecken, so daß der Knopf an der Außenseite des Pappdeckels liegt. (Verhindert Durchrutschen!) Das Baumwollgarn von links oben beginnend über den Pappdeckel und unten in den gegenüberliegenden Schlitz spannen. Man führt das Garn außen zum nächsten unteren Schlitz und über den Pappdeckel wieder nach oben zum gegenüberliegenden Schlitz, oben außen ebenfalls zum nächsten Schlitz usw. Das Ende des Garns mit einem Knopf hinter dem letzten Schlitz befestigen.

**Schußfäden einziehen, Schlingenknäuel wickeln:** Man kann einen möglichst langen Faden einfädeln oder das Material über einen schmalen Pappstreifen wickeln oder ein Schlingenknäuel als Schußfaden vorbereiten und mit dem Weben beginnen. Das Schlingenknäuel entsteht, wenn man einen Faden mehrfach um den gespreizten Daumen und Zeigefinger der linken Hand wickelt, wobei sich die Fäden in der Mitte kreuzen. Dabei Fadenanfang etwa 10 cm hängenlassen. (Schlingenknäuel nicht zu dick wickeln, um es bequem unter und über die Kettfäden führen zu können!) Ist ausreichend Garn aufgewikkelt, Mitte der Schlingen mit der rechten Hand festhalten, Finger der linken Hand aus den Schlingen ziehen. Schlingen in die linke Hand nehmen, Mitte mehrfach umwickeln, Fadenenden abschneiden und in der Mitte mit kleiner Schlinge befestigen.

Beim Weben kann man den heraushängenden Fadenanfang mühelos herausziehen und den Faden nach und nach verweben.

Zum Einziehen der Schußfäden die Nadel mit dem Faden oder den Pappstreifen mit Material oder das Schlingenknäuel abwechselnd über und unter einen Kettfaden führen (siehe Farbteil „Weben“), wobei an der rechten unteren Ecke begonnen und nach links gewebt wird. Am Ende der Reihe angelangt, arbeitet man in umgekehrter Reihenfolge zurück: den Kettfaden anheben, über den vorher der Schußfaden geführt wurde, den Kettfaden, unter dem vorher der Schußfaden hindurchgezogen wurde, überspannen. Damit sich die Fäden im Gewebe gleichmäßig verflechten, muß der Schußfaden nach jeder Reihe an die bereits gewebte Reihe bzw. das gewebte Stück angeschlagen werden. Das erfolgt mit einem weitzahnigen Kamm, den man zwischen die Kettfäden steckt und in

Richtung auf das Webstück kräftig hinzieht, also „anschlägt“ (Abb. Seite 81).

Nun Reihe für Reihe arbeiten. Die Schußfäden nicht zu fest weben, sonst zieht sich das Arbeitsstück an den Seiten zusammen. Am besten ist es, den Schußfaden bogenförmig einzulegen, dann anzuschlagen! Geht ein Faden aus, das Ende nicht anknoten, sondern den neuen Faden etwa 3 bis 4 cm lang über dem alten Fadenende zwischen die Kettfäden einlegen. Die übereinanderliegenden Enden drücken sich bei den folgenden Reihen fest aneinander.

**Deckchen fertigstellen:** Ist das Webstück vollendet, so entfernt man die Knöpfe aus den Schlitzen, wobei sich die Kette etwas lockert. Das Gewebe aus dem Pappdeckel herausheben, die beiden hängenden Fadenenden einstopfen.

● ***Hinweise zur Webtechnik***

***Schußrips:*** Auf dem Pappdeckel wurden die Kettfäden weit auseinandergespannt. Die Schußfäden ließen sich leicht einziehen und anschlagen. Im fertigen Gewebe sieht man, daß die Schußfäden dicht zusammenliegen und die Kettfäden verdecken.

Solche Gewebebindung heißt Schußrips.

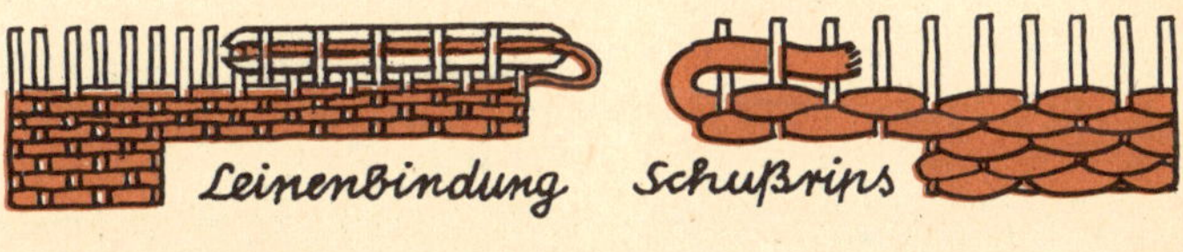


***Leinenbindung:*** Die Kettfäden können auch dicht gespannt werden. Liegen sie so nahe zusammen wie die Schußfäden, werden beide Fäden gleichermaßen sichtbar, vorausgesetzt, Kette und Schuß sind aus gleich starkem Material.

Diese Bindung heißt Leinenbindung.

● ***Arbeitsbeispiel: Bildweberei*** (Weben mit Stoffstreifen auf einem Rahmen – siehe Abb. unten)

**Material und Werkzeug:** Bindfaden mittlerer Stärke, ungemusterte Stoffreste in passenden Farben (in 1,5 cm breite Streifen zerschnitten), Sicherheitsnadel, grober Kamm, Holzbilderrahmen oder selbstgefertigter Leistenrahmen, Nägel, Zeichenpapier, Bleistift, Lineal, Radiergummi, Tuschfarben, Schere.

**Webeinrichtung herstellen:** Einen Bilderrahmen (oder auch selbstgefertigten Leistenrahmen) an der oberen und unteren Leiste in Abständen von 1 cm mit einer ungeraden Anzahl von Nägeln versehen. Die Nägel müssen sich genau gegenüberliegen. Sie sollten halbrunde Köpfe haben und alle gleichmäßig etwa ½ cm aus dem Holz herausragen. (Bei Webarbeiten mit Schnellstrickwolle klopft man die Nägel in kürzeren Abständen ein, Zwischenraum etwa ½ cm. Damit sich das Holz nicht spaltet, werden sie in zwei Reihen und versetzt eingeschlagen.)

**Bild entwerfen:** Der Entwurf wird farbig in Originalgröße des Webbildes angefertigt und mit Klebeband hinter dem Bilderrahmen befestigt. Zuerst sollten klare, überschaubare Ornamente, am besten symmetrische, also spiegelbildgleiche, gewählt werden. Auf wenige Farbtöne beschränken.

**Kettfäden spannen:** Am Ende des Bindfadens eine Schlinge ziehen und diese unten links über den ersten Nagel hängen. Dann wird der Faden regelmäßig oben

Weben mit Stoffstreifen

und unten um die Nägel gespannt. Das Bindfadenende ist am letzten Nagel festzuknoten.

**Schußfäden einziehen:** Als ersten und letzten Schuß webt man einen 4 cm breiten Pappstreifen bzw. mehrmals gefaltetes Papier ein. Das heißt, die Pappe wird abwechselnd über und unter einen Kettfaden gesteckt. Das ist notwendig, um zum Schluß genügend lange Kettfäden zum Befestigen zu haben.

Den Untergrund bis zum Beginn des Motivs arbeiten. Einen passenden Stoffstreifen in eine Sicherheitsnadel stecken und an der rechten unteren Ecke beginnend den Stoffstreifen abwechselnd über und unter den Kettfäden durchziehen. Das Streifenende 4 bis 5 cm hängen lassen und es abschließend sorgfältig über 3 bis 4 Kettfäden im Gewebe verstechen. Beim Verstechen aller Streifenenden ist darauf zu achten, daß sie durch gleichfarbenes Gewebe verstopft werden.

Den Stoffstreifen beim Wenden nicht zu fest anziehen, sonst verzerrt sich das Bild. Zurück wie auf Seite 82 beschrieben weben. Die gewebte Reihe mit einem Kamm anschlagen.

Am Motiv angelangt, wird die Arbeit etwas schwieriger, denn man webt den Untergrund, auch Fond genannt, und das Motiv gleichzeitig. Die Reihe mit dem Stoffstreifen für den Untergrund beginnen, bis zum Motiv weben, Stoffstreifen bleibt hängen. Mit neuem Stoffstreifen in Farbe des Motivs weiterweben, so, wie es der Webvorgang verlangt (entsprechend der letzten Reihe). Am Rand des Motivs Stoffstreifen hängen lassen und mit neuen Streifen in Farbe des Untergrundes die Reihe beenden. Stoffstreifen wenden und zurückarbeiten. Dabei ist zu beachten: Dort, wo eine andere Farbe angrenzt, webt man so, daß die Stoffstreifen des Untergrundes jeweils den äußersten Kettfaden des Motivs umschlingen. An der Grenze der Farbflächen greifen also die verschiedenfarbigen

Schußfäden um denselben Kettfaden. Nach Fertigstellen des Motivs den Untergrund vollenden.

**Webbild fertigstellen:** Nach Einweben aller Schußfäden die Pappe herausziehen, das Bild von den Nägeln nehmen, die Kettenden verknoten oder die Kettschlaufen aufschneiden und verstechen. Das Bild kann an einer schmalen Leiste, die nicht zu sehen sein soll, befestigt werden.

● ***Arbeitsbeispiel: Untersetzer*** (Weben mit Kunstbast auf einem runden Pappdeckel – siehe Abb. unten)
**Material und Werkzeug:** Kunstbast, Hanfzwirn, spitze und stumpfe Sticknadel, 14 cm mal 14 cm große, sehr feste Pappe, Zirkel, Lineal, Bleistift, Radiergummi, Schere.

Rundweben

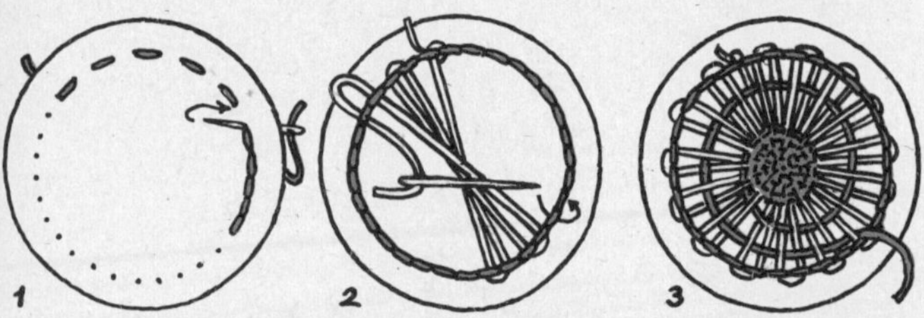


**Webeinrichtung herstellen:** Auf der Pappe einen Kreis von 12 cm Durchmesser schlagen und die Kreisfläche ausschneiden. Vom selben Mittelpunkt aus einen Kreis von 10 cm Durchmesser zeichnen (Umriß des Untersetzers). Auf diesem Kreis in Abständen von etwa 1 cm 31 gleiche Abschnitte kennzeichnen. An den markierten Stellen mit spitzer Nadel Löcher einstechen. Einen 60 cm langen doppelten Faden (Hanfzwirn) in die stumpfe Sticknadel fädeln und durch die Löcher (auf und ab) Vorstiche arbeiten (Abb. Seite 22), in zwei Runden, damit der gesamte Kreisumfang mit Faden ausgefüllt ist. Fadenanfang und -ende mit festem Doppelknoten verbinden!

**Kettfäden spannen:** Einen langen Bastfaden in die stumpfe Sticknadel fädeln und sie an einer beliebigen Stelle von außen unter einem Vorstich hindurchführen. Das Fadenende bleibt hängen. Der Kettfaden ist genau über den Mittelpunkt der Kreisfläche zum gegenüberliegenden Vorstich zu spannen, wobei von innen nach außen unter dem Vorstich hindurchgestochen wird. Gleich weiter von außen in den danebenliegenden Stich arbeiten. So wird die gesamte Kreisfläche überspannt, indem einmal unter jedem Vorstich hindurchgestochen wird, insgesamt ergeben sich 31 Kettfäden. Den letzten Spannfaden nur bis zur Mitte führen und dort spiral- bzw. schneckenförmig verweben. Sollte der abgeschnittene Kettfaden nicht ausreichen, kann ein neuer Faden angeknotet werden. Die Schußfäden verdecken den Knoten.

**Schußfäden einziehen:** Einen 60 bis 80 cm langen Bastfaden in die stumpfe Nadel fädeln und ihn spiralförmig über und unter die Kettfäden führen. Den Faden straff anziehen. Die aufeinanderfolgenden Reihen mit der Nadel fest aneinanderdrücken. Geht ein Schußfaden aus, einen neuen einlegen (siehe Seite 83). Straff bis an den Rand arbeiten, auch wenn sich die letzten Reihen schwer einziehen lassen.

**Untersetzer fertigstellen:** Die Vorstiche auf der Rückseite der Pappe aufschneiden. Den Untersetzer von der Pappe nehmen und die Fadenenden einstechen. (Vorsichtiges Bügeln ist möglich.)

● ***Hinweis zur Webtechnik***

***Strahlen- oder Rundweberei:*** Die ausgeführte Webart heißt Strahlen- oder Rundweberei. Bei selbstgefertigten Webeinrichtungen kann man auch Kerben in den Rand einarbeiten und die Kettfäden mit über die Rückseite spannen. Gekauften Rundwebrahmen liegt eine Beschreibung bei.

• ***Arbeitsbeispiel: Kleiner Behang*** (Weben mit Naturmaterial auf einem Kinderwebrahmen)
**Material und Werkzeug:** Naturfarbener Bindfaden, grünes und braunes Garn, verschiedenes Naturmaterial (siehe Seite 79), Kinderwebrahmen, Schere, Rundholz.

**Aufbau und Arbeitsweise des Kinderwebrahmens** (siehe Einband/Innenseite – hinten): Der Webrahmen – in der Abbildung als Tischwebrahmen dargestellt – besteht aus einem rechteckigen Holzgestell, in das oben und unten eine dreh- und feststellbare Querleiste eingebaut ist. Beide Querleisten besitzen gesägte Einschnitte, die ein Ordnen der Kettfäden ermöglichen. Die obere Querleiste – der Kettbaum – dient außerdem zum Aufwickeln (bzw. Aufbäumen) längerer Kettfäden. Sie werden beim Weben nach und nach abgewickelt. Entsprechend kann man um die untere Querleiste – den Warenbaum (Spannrolle) – das bereits fertiggestellte textile Gewebe aufwickeln.

Beim Spannen der Kettfäden zwischen Kett- und Warenbaum werden die Fäden noch durch die Einschnitte einer dritten, lose liegenden Querleiste – den Webstab – gesteckt. Der Stab hat zwei schräge Kanten, auf eine Kante gedreht, hebt sich jeder zweite Faden an, alle übrigen senken sich. Zwischen den Fäden entsteht ein Freiraum, das sogenannte Fach. Durch das Fach schiebt man das Weberschiffchen, auf dem sich der aufgewickelte Schußfaden befindet. Dreht man nun den Webstab auf die andere Kante, wechseln die gesenkten und gehobenen Fäden. Es kommt zum Fachwechsel. Wieder kann das Weberschiffchen ungehindert durch das Fach gesteckt werden. Man wiederholt den Fachwechsel und das Einlegen des Schusses bis zum Fertigstellen des Gewebes.

Bei textilen Geweben wird jeder Schußfaden mit einem Kamm an das bereits gewebte Stück angeschlagen. Es gibt auch Webrahmen, die statt des Webstabes einen Gatterkamm besitzen (Abb. Seite 81). Die Kettfäden werden dann abwechselnd in die vorhandenen Löcher und Schlitze eingezogen. Das Fach bildet sich durch Senken und Heben des Gatterkammes.

**Kettfäden spannen:** Man spannt den Bindfaden – wie beim Weben auf dem Pappdeckel – von einem Schlitz des Kettbaumes zum gegenüberliegenden Schlitz des Warenbaumes, wobei er über den Webstab geführt wird. Fadenanfang und -ende sind durch mehrmaliges Umwikkeln eines Schlitzes zu befestigen.

(Eine weitere Methode des Spannens der Kettfäden wäre folgende: Faden doppelt nehmen, mit einer Schlaufe am Kettbaum einhängen, am Warenbaum straffziehen und verknoten.)

Als Behangbreite etwa 20 cm wählen, die Kettfäden in dieser Breite spannen.

**Schußfäden einziehen:** Bindfaden oder farbiges Garn auf das Weberschiffchen wickeln und zunächst eine breite Kante weben, die dem Naturmaterial Halt gibt. Dann das verschiedene Naturmaterial einarbeiten. Stroh und Schilf in Webbreite einlegen. Es kann seitlich aus den Kettfäden heraushängen. Samenkapseln oder Beeren vorher auf Schußfäden auffädeln. Zur besseren Festigkeit ab und zu mehrmals den Bindfaden (oder das farbige Garn) durch das Fach schieben. Zum Abschluß wieder eine breite Kante mit dem Schußfaden weben.

**Behang fertigstellen:** Kette lockern, Behang vom Webrahmen nehmen, oben Rundholz durch die Kettschlaufen schieben, unten Kettschlaufen verknoten.

**Zur Ergänzung:** Das Arbeiten auf dem Webrahmen mit verschiedenen Garnen, das Einrichten des Rahmens, das Einlesen von Mustern und viele Arbeitsbeispiele sind in der Beschreibung zum Kinderwebrahmen genau nachzulesen.

**Vorschläge zum Nacharbeiten: Weben** (siehe Farbteil „Weben“)

*Geflochtener Vorleger*

**Material:** Teppichborten in 2 verschiedenen Farben (Länge je nach Vorlegergröße), passendes Nähgarn.

**Arbeitsanleitung:** Die Teppichborten entsprechend der Vorlegergröße zuschneiden, flechten, stecken, heften und ringsherum steppen. Mit Teppichborte einfassen.

*Minibild*

**Material:** dünnes Rundholz (Wurstspeiler), Zwirn, verschiedenfarbiges Stickgarn, Klebstoff (Duosan).

**Arbeitsanleitung:** 4 etwa 6 cm lange Rundhölzer 1 cm vom Rand in Rundholzstärke einkerben, dort mit Duosan bestreichen. Die so vorbereiteten Rundhölzer zu einem kleinen quadratischen Rahmen zusammenfügen. Zur besseren Festigkeit die Ecken mit Zwirn umwickeln. Als Kettfäden Zwirn spannen. Dann nach eigenen Entwürfen Schußfäden einlegen.

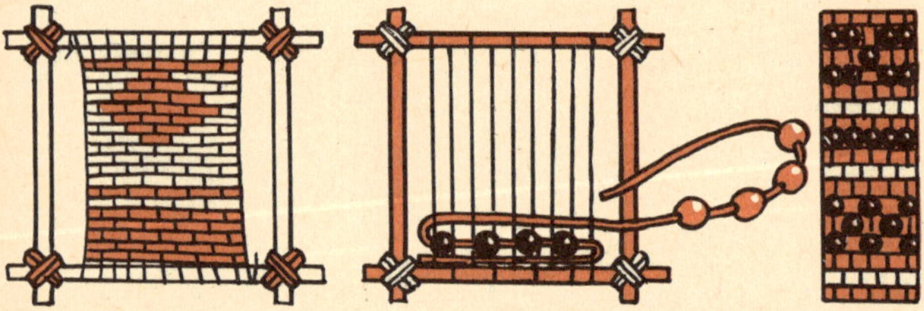

Minibilder

*Anhänger*

**Material:** kleiner fester Karton, Zwirn, dünnes Garn, farblich zueinander passende Perlen.

**Arbeitsanleitung:** Auf einem kleinen Karton 17 Kettfäden (Zwirn) spannen, etwa 5 cm breit. Mehrere Schußfäden (dünnes Garn) einziehen. Dann nach eigenen Entwürfen reihenweise in Abständen Perlen und Garn einweben. Bei Perlenreihen zieht man die Perlen in Schußfadenlänge auf, legt die Perlenschnur in der Hinreihe unter die Webarbeit und webt in der Rückreihe die Perlen fest ein, indem der Schuß über einen Kettfaden gespannt und dann eine Perle aufgefädelt wird. Den Anhänger kann man an einer Schnur tragen.

# Häkeln

## Was man über das Häkeln wissen sollte

Das Häkeln gehört zu den sogenannten Schlingtechniken der Handarbeit. Mit einer Häkelnadel werden von einem Faden fortlaufend Schlingen gezogen und miteinander verbunden. Bei der einfachen Häkelarbeit sind die Maschenreihen jeweils abgeschlossen, d. h. „abgekettet". Es gibt verschiedene Maschenverbindungen, aus denen sich mannigfaltige Häkelmuster bilden lassen.

Wer die Häkelnadel erfand und woher die ersten Häkelarbeiten stammen, ist nicht bekannt. In Europa wird seit ungefähr 400 Jahren gehäkelt. Damals war es modern, Gewänder mit Spitzenbesatz zu tragen. Da das Nähen der kostbaren Spitzen sehr zeitaufwendig und teuer war, versuchte man, die Nähspitzen durch schneller herzustellende Häkelspitzen zu ersetzen. In alten Handarbeitsbüchern sind noch zahlreiche gehäkelte Nachahmungen echter Nähspitze abgebildet.

Vor etwa 100 Jahren erreichte die Technik der Spitzenhäkelei einen besonders hohen Stand. Die feinsten Häkelspitzen kamen aus Irland. Kunsthäklerinnen schufen zarte Figuren, Blätter, Blüten, Rosetten – die durch einen Häkelgrund verbunden wurden.

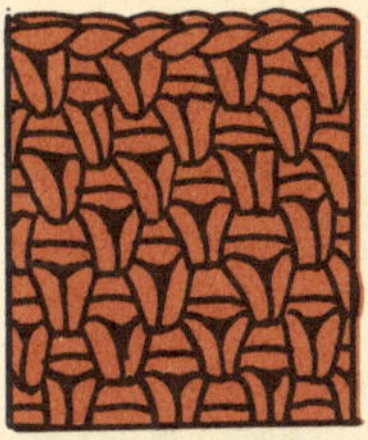

feste Maschen

offenes Muschelmuster

Stäbchen

Filethäkelei

Die jungen Mädchen von damals führten die Häkelnadel mit wahrem Feuereifer. Leibwäsche, Nachthemden und Bettwäsche erhielten Häkeleinsätze, Küchenmöbel wurden mit Häkelborten geschmückt, auf den Wohnzimmermöbeln lagen unzählige Häkeldeckchen, auf den Sofas gehäkelte Schonerdecken. Nicht alles aus dieser Zeit gefällt uns. Der Geschmack wandelt sich.

Die vielseitige Häkeltechnik ermöglicht es aber auch heute, modisches Bekleidungszubehör und hübsche Dinge für den Wohnraum zu gestalten. Neben der einfachen Häkelarbeit, die im Buch erklärt wird, gibt es auch noch weitere Häkeltechniken, beispielsweise Schlingenhäkelei, Gabelhäkelei oder Tunesische Häkelei.

## Was man zum Häkeln benötigt

Zum Häkeln werden meist Garne aus Wolle, Baumwolle oder Kunstseide verwendet. Man kann auch mit anderem

Material, zum Beispiel Bast, Bindfäden oder Stoffstreifen arbeiten. Die Materialwahl hängt vom Gegenstand ab, der entstehen soll. Für eine Spitzenhäkelei ist feines Baumwollgarn verwendbar, für einen derben Teppich sind es Stoffstreifen.

Gehäkelt wird mit einer Häkelnadel. Es gibt sie in verschiedenen Stärken. Am oberen Ende besitzen die Nadeln einen Haken, der den Arbeitsfaden beim Durchziehen der Schlinge festhält, daher die Bezeichnung „Häkelhaken". Häkelnadeln bestehen aus Metall oder Plaste. Die normalen Häkelnadeln sind etwa 12 cm lang. Längere Nadeln werden nur für die Tunesische Häkelei benutzt. Allgemein gilt die Regel: Feines Garn – feine Häkelnadel, grobes Garn – grobe Häkelnadel. Es ist aber durchaus möglich, feines Garn mit einer groben Häkelnadel zu verarbeiten. Der Maschenzusammenhalt wird dann sehr luftig sein.

Sind Garn- und Nadelstärke in einer Häkelvorlage nicht angegeben, muß man selbst kombinieren, welche Häkelnadel zum Arbeitsfaden paßt. Beim Anfertigen größerer Stücke ist eine Maschenprobe günstig (siehe Seite 105). Eine gelungene Häkelarbeit fügt sich aus gleich großen regelmäßigen Maschen zusammen.

## Wie wird gehäkelt

Um die unterschiedlichen Häkelarbeiten anfertigen zu können, muß man verschiedene Maschenarten beherrschen.

Vorlagen für Häkelmodelle sind heute meist nicht mehr ausführlich beschrieben, sondern als Zählmuster abgedruckt. Jede Maschenart wird im Zählmuster durch ein bestimmtes Zeichen erklärt. In Beschreibungen sind die Bezeichnungen der Maschen oft abgekürzt.

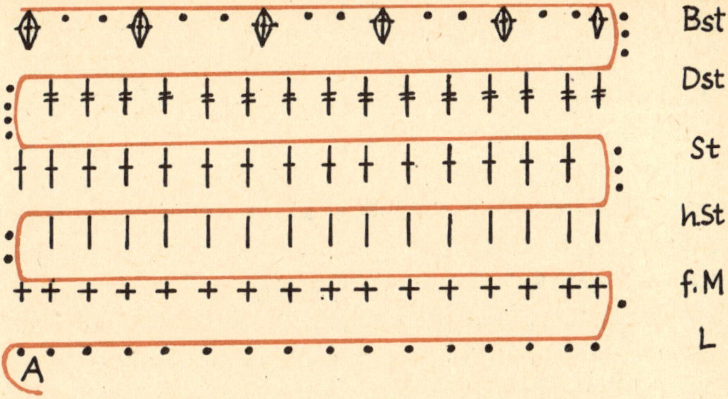


*Häkelschrift (Zeichen) für die Häkelprobe*

Die nachfolgende Häkelübung ermöglicht, die Herstellung vieler Maschenarten an einem Stück kennenzulernen.

● ***Arbeitsbeispiel: Häkelprobe*** (siehe Abb. oben)
**Material und Werkzeug:** Etwa 35 g dickes Garn (Jackenwolle), Häkelnadel Nr. 4, Schere, Sticknadel.

**Anfangsschlinge bilden** (siehe Abb. unten): In Handarbeitsfachbüchern wird der Beginn einer Häkelarbeit unterschiedlich beschrieben. Am einfachsten fängt man wie folgt an: Den Faden etwa 10 cm vom Fadenende entfernt zwischen dem rechten Daumen und dem Zeigefinger halten. Das herunterhängende Fadenende wird später zum Vernähen benötigt. Mit der linken Hand eine Garn-

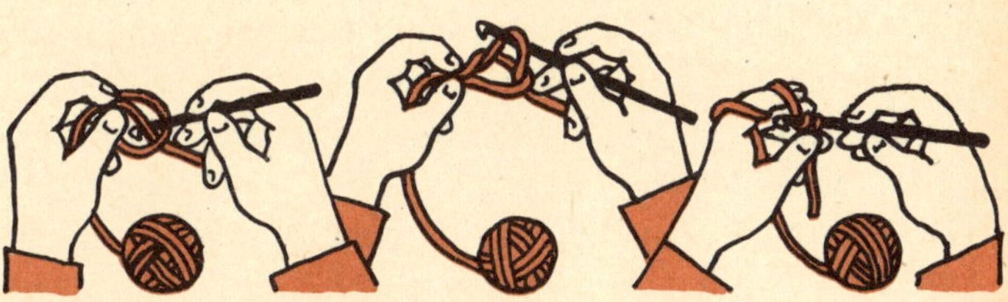

*Anfangsschlinge beim Häkeln*

schlinge legen, sie links halten. Die Häkelnadel wie einen Bleistift zwischen den rechten Daumen und Zeigefinger nehmen, der Mittelfinger stützt sie leicht, die Häkelnadel von vorn nach hinten durch die Garnschlinge stecken und den vom Knäuel kommenden Faden nach vorn holen. Fadenende und Knäuelfaden in entgegengesetzter Richtung festziehen.

Die Anfangsschlinge ist gebildet.

**Handhaltung beim Häkeln** (Abb. Seite 95): Die Häkelnadel mit der Anfangsschlinge wird, wie schon beschrieben, rechts gehalten. Den vom Knäuel kommenden Arbeitsfaden legt man zwischen den kleinen Finger und den Ringfinger der linken Hand von der äußeren zur inneren Handfläche, führt ihn unter den Ringfinger und den Mittelfinger weiter, spreizt den linken Zeigefinger etwas ab, legt den Arbeitsfaden wieder nach außen und wikkelt ihn zweimal um den Zeigefinger herum. Das Fadenende wird mit dem Daumen und Mittelfinger der linken Hand kurz unter der Anfangsschlinge gehalten. Der abgespreizte Zeigefinger spannt den Arbeitsfaden.

**Maschen häkeln:** Die Häkelarbeit beginnt mit einem Maschenanschlag aus

– Luftmaschen (Luftmaschenanschlag – Abb. Seite 97)

Liegt die Anfangsschlinge auf der Häkelnadel, wird der Arbeitsfaden von hinten nach vorn über die Häkelnadel geführt (Umschlag bilden, d. h. Faden um die Nadel schlagen!) und durch die Anfangsschlinge gezogen, wobei diese von der Häkelnadel gleitet. Die erste Luftmasche ist entstanden. Für die Häkelprobe ständig wiederholen: Umschlag bilden, Schlinge durchziehen, bis 16 Luftmaschen entstanden sind. Die Arbeit stets direkt unter der Häkelnadel halten.

Das Zeichen für eine Luftmasche im Zählmuster ist ein feiner Punkt, die Abkürzung ist L.

Jetzt die im folgenden beschriebenen Häkelmaschen

· Luftmasche

\+ feste Masche

⌒ Kettmasche

| halbes Stäbchen

† einfaches Stäbchen

‡ doppeltes Stäbchen

dreifaches Stäbchen

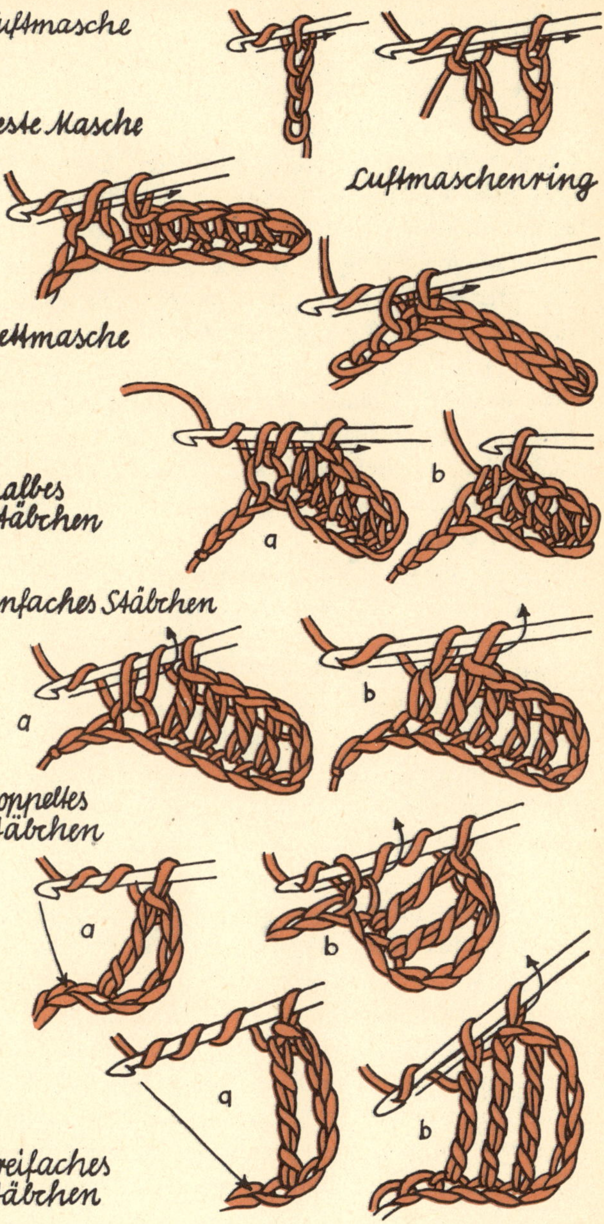

reihenweise hintereinander arbeiten. Am Reihenende wird stets gewendet (siehe dazu auch Seite 102).

– Feste Masche (Abb. Seite 97)

Am Anfang der Reihe, bevor die erste feste Masche gehäkelt wird, eine Luftmasche arbeiten. Dadurch verhindert man, daß sich die Häkelarbeit am Rand zusammenzieht und an Höhe verliert.

Für die folgende feste Masche mit der Häkelnadel so in die vorletzte Luftmasche des Luftmaschenanschlages zurückstechen, daß der obere Faden dieser Masche als Schlinge auf der Häkelnadel liegt. Einen Umschlag bilden, den Arbeitsfaden durch die eben aufgenommene Schlinge ziehen. Erneut den Faden umschlagen und den Arbeitsfaden durch beide auf der Häkelnadel ruhende Schlingen holen. Die Masche ist fertig. Die Reihe weiter mit festen Maschen fortsetzen.

Das Zeichen für eine feste Masche im Zählmuster ist ein Kreuz, die Abkürzung ist f. M.

– Halbes Stäbchen (Abb. Seite 97)

Am Anfang einer Reihe wird das erste halbe Stäbchen durch 2 Luftmaschen ersetzt. Diese häkeln und die Reihe mit halben Stäbchen fortführen. Dazu einen Umschlag bilden. In die 2. Masche der Vorreihe so stechen, daß deren beide obere Fäden auf der Häkelnadel liegen. (Man sagt: Einstechen in das volle Maschenglied.) Wieder einen Faden umschlagen und den Arbeitsfaden durch die Einstichmasche holen. Erneut einen Faden umschlagen und nun den Arbeitsfaden durch alle drei Schlingen, die auf der Häkelnadel liegen, ziehen.

Das Zeichen für ein halbes Stäbchen im Zählmuster ist ein senkrechter Strich, die Abkürzung h. St.

– Einfaches Stäbchen (auch Stäbchen – Abb. Seite 97)

Am Reihenanfang ersetzt man das erste Stäbchen durch 3 Luftmaschen. Dann mit Stäbchen fortsetzen. Dazu einen Umschlag bilden, ins volle Maschenglied der

2. Masche der Vorreihe stechen. Den Arbeitsfaden durch die Einstichmasche holen. Auf der Häkelnadel befinden sich 3 Schlingen. Erneut einen Faden umschlagen und den Arbeitsfaden durch die ersten 2 auf der Häkelnadel liegenden Schlingen ziehen. Es verbleiben 2 Schlingen auf der Nadel. Erneut umschlagen und den Arbeitsfaden durch beide Schlingen ziehen. Den Vorgang zum Stäbchenhäkeln wiederholen.

Das Zeichen für ein einfaches Stäbchen im Zählmuster ist ein senkrechter Strich mit einem kleinen Querstrich, die Abkürzung ist St.

– Doppeltes Stäbchen (Abb. Seite 97)

Am Anfang einer Reihe ersetzt man das erste Doppelstäbchen durch 4 Luftmaschen, dann mit Doppelstäbchen fortsetzen. Dazu 2 Umschläge bilden, ins volle Maschenglied der 2. Masche der Vorreihe einstechen. Den Arbeitsfaden durch die Einstichmasche holen. Nun liegen 4 Schlingen auf der Häkelnadel. Wieder einen Faden umschlagen und den Arbeitsfaden durch die ersten 2 Schlingen, die auf der Häkelnadel liegen, ziehen. Es verbleiben 3 Schlingen. Noch mal Faden umschlagen und wiederum den Arbeitsfaden durch 2 Schlingen ziehen. Die 2 verbleibenden Schlingen in gleicher Weise abmaschen. Nur 1 Schlinge bleibt auf der Nadel. Erneut mit 2 Umschlägen beginnen.

Das Zeichen für ein doppeltes Stäbchen im Zählmuster ist ein senkrechter Strich mit zwei kleinen Querstrichen, die Abkürzung ist Dst.

(Es gibt noch höhere Stäbchen, zum Beispiel dreifache und vierfache Stäbchen. Bei dreifachen Stäbchen beginnt man mit 3 Umschlägen – Abb. Seite 97.)

Das Zeichen für ein Dreifachstäbchen ist ein senkrechter Strich mit drei kleinen Querstrichen. Jeder weitere Umschlag ist durch einen weiteren Querstrich gekennzeichnet.)

– Büschelstäbchen aus 3 einfachen Stäbchen (siehe Abb. unten)

Am Reihenanfang ersetzt man das erste Stäbchen des Büschels durch 3 Luftmaschen. Dann werden noch 2 Stäbchen in die 1. Masche der Vorreihe gearbeitet. Dabei verbleibt bei jedem gehäkelten Stäbchen die letzte Schlinge auf der Häkelnadel. Nach jedem gearbeiteten Stäbchen liegt also eine Schlinge mehr auf der Häkelnadel. Erst beim letzten Stäbchen des Büschels wird der Ar-

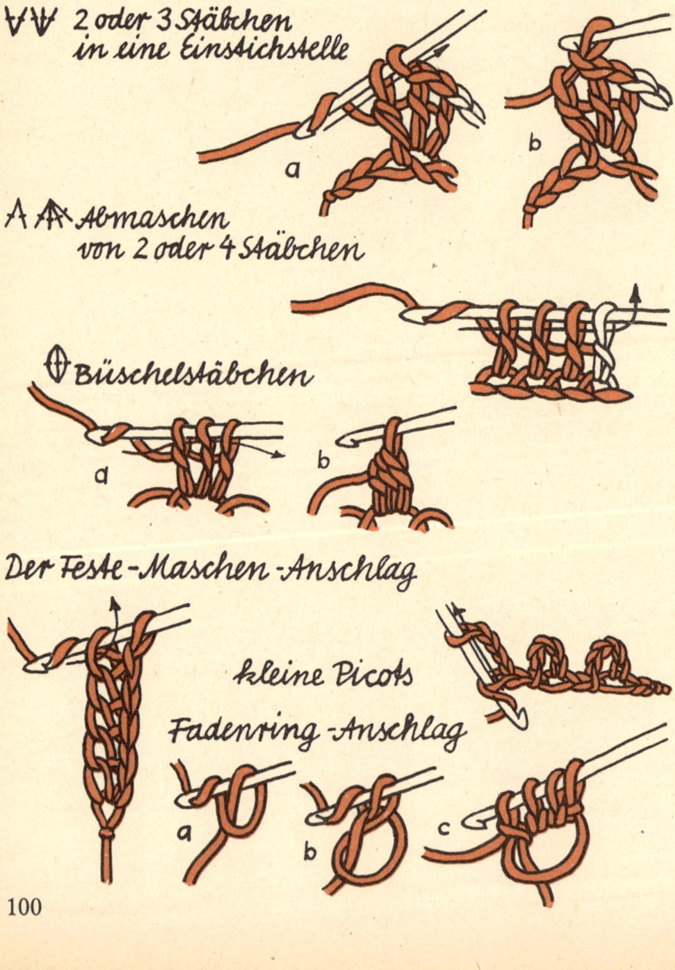

beitsfaden durch alle auf der Häkelnadel befindlichen Schlingen gezogen. Zum Schluß ist nur 1 Schlinge auf der Nadel.

Die Reihe wird gefertigt, indem abwechselnd 2 Luftmaschen und ein Büschel aus 3 Stäbchen in die drittfolgende Masche der Vorreihe gehäkelt werden.

Das Zeichen für ein Büschelstäbchen im Zählmuster richtet sich nach der Anzahl und der Art der zu häkelnden Stäbchen und setzt sich aus diesen Zeichen zusammen, die Abkürzung ist Bst.

**Häkelprobe fertigstellen:** Die Häkelprobe ist jetzt erst zur Hälfte fertig. Nun alle Häkelreihen bis zur Reihe fester Maschen in umgekehrter Reihenfolge noch einmal häkeln. Zum Schluß den Faden abschneiden und durch die letzte Masche ziehen. Fadenenden vernähen!

Knüpft man zum Abschluß an den Schmalseiten Fransen ein (siehe Seite 146) oder arbeitet kleine Picots an (Abb. Seite 100), ist die Häkelprobe als Puppenteppich zu verwenden.

## ● *Weitere Hinweise zum Häkeln*

***Feste-Maschen-Anschlag*** (Abb. Seite 100): Er ist besonders für lange Anschlagreihen geeignet. Begonnen wird mit 2 Luftmaschen. Man häkelt in die 1. Luftmasche 1 feste Masche. Dann ist immer so in die feste Masche einzustechen, daß die linke Schlinge mit auf die Häkelnadel genommen wird. Darauf häkelt man erneut 1 feste Masche. Das wiederholt sich laufend.

***Luftmaschenring*** (Abb. Seite 97): Man häkelt die gewünschte Luftmaschenanzahl, sticht in die Anfangsschlinge zurück, bildet einen Umschlag und zieht den Arbeitsfaden gleichzeitig durch die Anfangsschlinge und die zuletzt gehäkelte Luftmasche. Der Luftmaschenring wurde also durch eine Kettmasche (Abb. Seite 97) geschlossen.

Das Zeichen für eine Kettmasche im Zählmuster ist ein Halbkreis, die Abkürzung ist K.

***Anschlag auf einem Fadenring*** (Abb. Seite 100): Beim Anfertigen von runden Teilen (Mützen, Decken, Topflappen) sollte man mit einem Fadenring beginnen. Eine Schlinge legen wie zur Anfangsschlinge. Den Arbeitsfaden durchholen, die Anfangsschlinge nicht festziehen, sondern sie so weit lassen, daß einige feste Maschen oder Stäbchen hineinpassen. Darauf achten, daß das Fadenende beweglich bleibt! Je nach geplanter Arbeit eine bestimmte Anzahl Maschen häkeln, indem laufend in die offene Schlinge eingestochen wird. Die Runde mit einer Kettmasche schließen. Das lose Fadenende zieht man fest und vernäht es.

***Wenden:*** Die meisten Häkelarbeiten werden fortlaufend in Hin- und Rückreihen gehäkelt. Ist eine Reihe beendet, dreht man die Arbeit in den Händen (wenden). Damit sich der Rand nicht einzieht, sind nach dem Wenden Luftmaschen zu häkeln. Man arbeitet bei Reihen fester Maschen nach dem Wenden 1 Luftmasche. Die 1. feste Masche der neuen Reihe wird in die letzte feste Masche der Vorreihe gehäkelt. Bei Reihen halber Stäbchen arbeitet man 2, bei Stäbchen 3, bei doppelten Stäbchen 4 Luftmaschen. Bei Stäbchen sind diese Luftmaschen Ersatz für das 1. Stäbchen der neuen Reihe. Das bedeutet, daß das 1. gehäkelte Stäbchen der neuen Reihe auf dem vorletzten Stäbchen der Vorreihe zu häkeln ist. Das letzte Stäbchen der Reihe wird in die oberste Luftmasche der Wendeluftmaschen der Vorreihe gehäkelt.

***Zunehmen:*** Die Häkelvorlagen zeigen meist, wie und wo zugenommen werden muß, um eine Häkelarbeit zu verbreitern. Im allgemeinen wird am Rand zugenommen. Man häkelt in die gleiche Masche der Vorreihe statt 1 Masche 2 oder 3 Maschen.

Sollen mehrere Maschen am Rand zugenommen werden, sind am Reihenanfang und -ende Luftmaschen zu häkeln. Die Anzahl der Luftmaschen muß der vorgesehenen Maschenzunahme entsprechen. Beispielsweise arbeitet man bei Zunahme von 6 festen Maschen am Reihenanfang 6 Luftmaschen und 1 Wendeluftmasche, dann zurück in jede Luftmasche 1 feste Masche und setzt dann die Reihe fort.

Erfolgt am Reihenende auch ein solcher Luftmaschenanschlag, wird die Zunahme innerhalb der Arbeit stufenförmig.

Für eine gleichmäßige Zunahme an beiden Seiten häkelt man in diesem Fall: 6 Luftmaschen am Reihenende und 1 Wendeluftmasche, wenden, über jede Luftmasche 1 Kettmasche, Reihe mit festen Maschen fortsetzen, am Reihenende 6 Luftmaschen anschlagen, 1 Wendeluftmasche, wenden, auf jede Luftmasche 1 feste Masche häkeln, gesamte Reihe mit festen Maschen fortsetzen, auch über die Kettmaschen feste Maschen häkeln, Wendeluftmasche.

Bei runden Formen, die von der Mitte aus gehäkelt werden, in regelmäßigen Abständen innerhalb der Häkelrunde so zunehmen, daß sich die Arbeit nicht wellt.

***Abnehmen:*** Soll am Rand einer Häkelarbeit abgenommen werden, bleibt ein Teil der Maschen unbehäkelt, und es wird an gewünschter Stelle entsprechend der gehäkelten Maschenart gewendet.

Man kann am Reihenanfang über die abzunehmende Anzahl von Maschen auch Kettmaschen häkeln.

Um einen fortlaufend gleichmäßigen Übergang zum Häkelmuster zu schaffen, beispielsweise bei Stäbchenmuster, arbeitet man in der Reihe nach den Kettmaschen 1 feste Masche, 1 halbes Stäbchen, dann das Stäbchenmuster (Anwendung beim Armausschnitt).

Bei dichtem Maschenbild ist es möglich, innerhalb der Reihe 1 Masche nicht zu häkeln, zum Beispiel am Anfang die 2. Masche, am Ende die vorletzte Masche der Vorreihe überspringen.

Weiterhin kann man 2 Maschen innerhalb einer Reihe zusammenhäkeln. Dabei werden die 1. und 2. Masche jeweils nur halb abgemascht und der Rest der Schlingen zusammengehäkelt, daß nur 1 Schlinge auf der Häkelnadel verbleibt.

Beispiel für Stäbchen: Faden umschlagen, durch eine Masche der Vorreihe stechen, Arbeitsfaden durchholen, wieder Faden umschlagen, 2 Schlingen abmaschen, 2 Schlingen verbleiben auf der Häkelnadel. Erneut Umschlag bilden, durch die nächste Masche der Vorreihe stechen, Arbeitsfaden durchholen, Umschlag bilden, 2 Schlingen abmaschen, Arbeitsfaden durch die 3 restlichen Schlingen ziehen.

. ***Knopflöcher*** (siehe Abb. unten):

Waagerecht – In die Häkelarbeit mit dichtem Maschenbild häkelt man je nach Größe des Knopfes 2 oder 3 Luftmaschen und übergeht ebensoviel Maschen der Vorreihe. Es wird im Muster weitergehäkelt, in der nächsten Reihe auch auf den Luftmaschen.

Senkrecht – Dort, wo das Knopfloch entstehen soll, muß die Arbeit geteilt werden. Man häkelt zunächst die rechte Seite bis zur Höhe des fertigen Knopfloches (Faden abschneiden, durch die letzte Masche ziehen). Den Faden links neu anschlingen, dann die linke Seite hochhäkeln und die Reihe über dem Knopfloch durchgängig fortsetzen, so daß sich die Häkelarbeit wieder schließt. Faden vernähen!

Häkeln von Knopflöchern

*Neuen Faden beginnen:* Man sollte möglichst versuchen, den neuen Faden am Rand der Reihe anzuschlingen. Letzte Masche mit dem endenden Arbeitsfaden häkeln. Faden durch die Schlinge ziehen und vernähen. Häkelnadel durch die letzte Masche stechen, neuen Arbeitsfaden durchholen, Fadenende später vernähen.

*Farbwechsel:* Man beginnt eine Masche mit dem alten Arbeitsfaden (zum Beispiel rot) und mascht sie mit dem neuen Arbeitsfaden (zum Beispiel blau) ab. Dann häkelt man mit dem neuen Faden (blau) weiter, wobei der alte Faden (rot) auf der Vorreihe liegt und mit eingehäkelt wird. Bei Farbwechsel wieder die letzte Masche (blau) mit dem anderen Faden (rot) abmaschen. Werden ganze Reihen mit anderer Farbe gehäkelt, kann das Ende des Fadens hängenbleiben, er wird nur in die Wendeluftmasche eingehäkelt und nicht über die ganze Reihe mitgeführt.

*Häkelteile zusammennähen:* Mit der Nähnadel in die Randmaschen der Häkelarbeit stechen und mit überwendlichen Stichen zusammennähen.

*Maschenprobe:* Vor umfangreicheren Häkelarbeiten sollte immer eine Maschenprobe angefertigt werden. Man häkelt mit dem Garn des Arbeitsstückes und der passenden Häkelnadel ein Quadrat im vorgesehenen Muster, etwa 12 cm mal 12 cm. Nachdem darauf ein Quadrat von 10 cm mal 10 cm mit Stecknadeln markiert wurde, die Maschenanzahl in der Reihe sowie die Reihenanzahl in der Höhe auszählen. Danach läßt sich der Maschenanschlag für eine größere Häkelarbeit genau ausrechnen. Ergeben zum Beispiel 14 Maschen 10 cm, werden für ein Häkelstück von 50 cm 70 Maschen benötigt. Außerdem läßt sich feststellen, ob zu lose oder zu fest gehäkelt wurde.

Bei zu lose gehäkelten Maschen tauscht man die grobe Nadel gegen eine feinere Häkelnadel aus.

## Vorschläge zum Nacharbeiten: Häkeln (siehe Farbteil „Häkeln")

(Abkürzungen – siehe Seiten 96 bis 101)

### *Abschlußkanten*

**Picot (Öschen):** Es entsteht aus 3 L. und 1 f. M., die in die Anfangsmasche gehäkelt wird. Picot mit 1 f.M. an Vorreihe befestigen.

**Luftiger Luftmaschenabschluß:** 1. Reihe – zuerst 1 f. M., dann fortlaufend im Wechsel: 6 L., 1 f. M. in die drittfolgende Masche der Vorreihe arbeiten.

2. Reihe – 1 Wendeluftmasche, 2 K. und 1 f. M. in den Luftmaschenbogen, dann fortlaufend im Wechsel: 6 L., 1 f. M. in den nächsten Luftmaschenbogen der 1. Reihe.

**Muschelkante:** Zuerst 1 K., dann fortlaufend im Wechsel: 5 St. in die drittfolgende Masche, 1 K. in die drittfolgende Masche der Vorreihe häkeln.

**Anbringen der Kanten:** Bei Strick- und Häkelarbeiten Kanten direkt an die zuletzt gearbeitete Reihe anhäkeln. Bei Geweben muß man zunächst eine Grundreihe zum Anhäkeln der Kanten schaffen. Dazu Stoff fadengerade zuschneiden. Saumeinschlag und -umschlag bedenken. In entsprechender Entfernung ein oder zwei Gewebefäden ausziehen. Saum umlegen und die festen Maschen in die Ausziehlinie häkeln. Möglich ist auch, den Saum einzurollen und zu umhäkeln. Weiterhin kann man die Ränder mit Langettenstichen umsticken und die Kanten anhäkeln.

### *Beutel in Häkelfilet*

**Material:** etwa 100 g farblich abgestimmte Reste von Baumwollschulgarn

**Arbeitsanleitung:** 60 L. anschlagen, 2 Reihen f. M. häkeln, dann 70 Reihen im Häkelfiletmuster. Mit 2 Reihen f. M. enden. Gehäkeltes Rechteck doppelt zusammenlegen, Seitennähte schließen. An den oberen Rändern 2 Henkel aus f. M. anhäkeln.

**Häkelfilet-Grund:**

1. Reihe – 1 St., dann fortlaufend im Wechsel 2 L., 1 St. in die drittfolgende Masche der Vorreihe.

2. Reihe und folgende – auf St. wieder St., auf L. wieder L.

Interessante Muster entstehen, wenn die L. teilweise durch 2 St. ersetzt werden und ein Quadrat ausfüllen. Entwürfe lassen sich auf Kästchenpapier zeichnen, zum Beispiel ein flächenfüllendes Muster oder eine ringsherumführende Kante am unteren Rand des Beutels.

### *Eierwärmer*

**Material:** mittelstarkes Garn (möglichst Wolle)

**Arbeitsanleitung:** 5 L. anschlagen, mit 1 K. zum Ring schließen.

1. Runde – In den Luftmaschenring 4 mal 2 f. M., 1 L. arbeiten (Runde nicht schließen, spiralförmig weiterarbeiten).

2. bis 4. Runde – Fortlaufend im Wechsel 2 f. M., 1 L. spiralförmig arbeiten. In jedes volle Maschenglied einstechen.

5. Runde und folgende – Nur f. M. häkeln, bis der Eierwärmer die richtige Länge hat. Obenauf Pompon arbeiten.

### *Häkelweste*

**Material:** farblich abgestimmte Wollreste (mittelstarkes Garn, etwa 230 g)

**Arbeitsanleitung:** Hüftweite messen, nach der Maschenprobe die Anzahl anzuschlagender Maschen errechnen. Man beginnt von unten zu häkeln. Zunächst 2 Reihen f. M. und dann im Muster: 1 f. M., 1 L. im Wechsel, wobei man in jede 2. Masche der Vorreihe einsticht. In der nächsten Reihe versetzt arbeiten, d. h. über die f. M. 1 L, über die L. 1 f. M., etwa 30 cm hoch. Dabei verschiedenfarbige Streifen arbeiten.

Die Trägerlänge selbst bestimmen. Träger vorn anhäkeln, hinten annähen.

Ringsherum Picots arbeiten, vorn 2 Häkelschnüre mit Quaste (siehe Seite 147) als Verschluß annähen.

# Knüpfen

## Was man über das Teppichknüpfen wissen sollte

Die Kunst des Teppichknüpfens, mit der man versuchte, das weiche, wuschlige Tierfell nachzuahmen, ist uralt. Dienten die Teppiche anfangs nur als Schutz, insbesondere gegen Bodenkälte, so hatten die aus dem 9. Jahrhundert vor unserer Zeit stammenden prachtvollen Wandteppiche wohl bereits mehr Prunk- denn Schutzfunktion.

Die Kunst des Teppichknüpfens stammt aus dem Orient. Orientalische Teppiche weisen zahlreiche schwungvolle und farbenprächtige Ornamente auf. Sie werden auf einem Knüpfstuhl gearbeitet, indem man in die senkrecht gespannten Kettfäden kurze Fadenstücke einknotet. Die Enden der Fäden stehen auf der Vorderseite heraus und bilden die plüschartige Oberfläche (Flor). Um solch einen Teppich im Format 2 m mal 3 m zu fertigen, sind etwa 240000 Knüpfknoten notwendig.

Eine ganz andere Ornamentik zeigen z. B. die Fischerteppiche, die von Volkskünstlern des Ostseeküstenbereichs, 1920 beginnend, entwickelt wurden: Fische, Anker und Möwen sind die hauptsächlichen Motive.

Für den Hausgebrauch werden heute gern Wandbehänge, Kissen und Brücken oder modisches Bekleidungszubehör, wie Kragen, Mützen, Westen, geknüpft, wobei die Fäden meist in ein vorhandenes Gewebe eingearbeitet werden.

## Was man zum Teppichknüpfen benötigt

Zum Knüpfen eines echten Teppichs ist ein Hochwebrahmen erforderlich. Eine kleine Knüpfarbeit kann aber auch auf dem Kinderwebrahmen entstehen. Dafür werden beispielsweise starke Hanffäden oder derbes Häkelgarn als Kettfäden, mittelstarke Wolle als Schußfäden sowie mittelstarke bis starke Wolle zum Knüpfen der Knoten gebraucht.

Einfacher ist es, Fäden in fertigen Grundstoff einzuknüpfen. Sehr gutes Grundmaterial sind Stramin, Kanevas oder Aidastoff. Zum Üben sind aber auch alle grobgewebten Stoffe geeignet, bei denen sich Querfäden zum Einknüpfen des Fadens anheben lassen.

Als Knüpfmaterial wird meist Wolle verschiedener Stärke verwendet. Zur Grundausrüstung für das Teppichknüpfen gehören weiterhin eine zur Wollstärke passende Häkelnadel oder ein Knüpfhaken, stumpfe Sticknadeln, ein etwa 1 bis 1,5 cm breiter Holz- oder Plastestab (Spatel oder Lineal) und eine Schere.

## Wie werden Fäden eingeknüpft

Das Einknüpfen der Fäden kann auf verschiedene Weise erfolgen. Beim Knüpfen auf dem Webrahmen werden geschnittene Fäden der Reihe nach um je 2 Kettfäden geschlungen, wonach sie durch mehrere Schußfäden fest einzuweben sind (Abb. Seite 111).

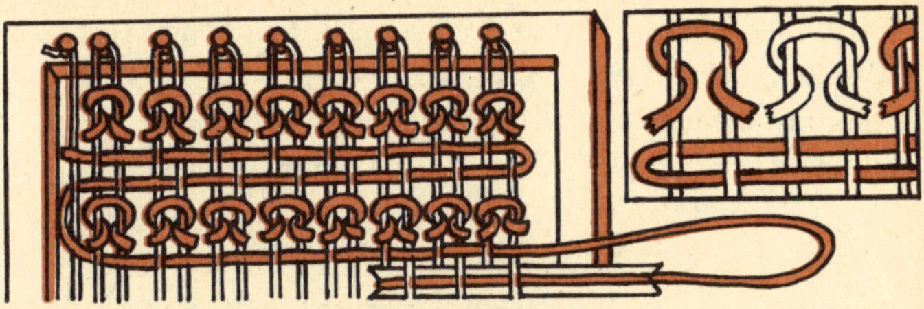

Knüpfen auf dem Webrahmen

In fertiges Gewebe knüpft man die Fäden meist mit dem Durchzugsknoten (siehe Seite 112 und Farbteil „Knüpfen“) oder dem Ghiordesknoten ein (siehe Seite 113). Je nach Länge und Dichte der Fäden ergibt sich eine unterschiedlich dicke und dichte Oberfläche, ein Teppichflor.

Als Vorlagen zum Knüpfen dienen Zählmuster, die man kaufen oder selbst entwerfen kann. Bei eigenen Entwürfen wird für jeden Knüpffaden auf Kästchenpapier ein Kästchen farbig ausgefüllt. Zu beachten sind Regeln des ornamentalen Gestaltens (siehe Seiten 6 bis 12). Dabei einfache, am besten geometrische Formen verwenden, die zu einem Flächenmuster aneinandergereiht werden.

• *Arbeitsbeispiel: Quadratisches Kissen* (30 cm mal 30 cm)
**Material und Werkzeug:** Ein Stück Aidastoff (40 cm mal 70 cm groß), farblich abgestimmte Wollreste (insgesamt etwa 400 g), eine Häkelnadel Nr. 3, feste Pappe, Schere, Lineal, Bleistift, Bügeleisen.

**Knüpffäden schneiden:** Einen 4 cm breiten Pappstreifen anfertigen und darauf die Wolle Faden für Faden nebeneinander wickeln. Die Fäden an einer Kante dämpfen (siehe Seite 154), wodurch sich die Fadenmitte als Bruch markiert, und an der anderen Kante aufschneiden. Jeder Faden ist 8 cm lang. Wer Übung hat, kann für weitere Knüpfarbeiten kürzere Fäden nutzen. Beim Durchzugsknoten verwendet man etwa 6,5 bis 7 cm, beim Ghiordesknoten 5 bis 5,5 cm lange Fäden.

**Faden einknüpfen:** Den Aidastoff auf den Tisch legen und den oberen Teil und die Ecken beschweren, damit der Stoff nicht verrutschen kann. 5 cm vom unteren und linken seitlichen Rand entfernt mit dem Einknüpfen des ersten Fadens nach selbstentworfenem Zählmuster beginnen. Dazu wird der Knüpffaden halb zusammengelegt und in die linke Hand genommen. Mit der rechten Hand sticht man die Häkelnadel von unten nach oben unter einen Gewebesteg hindurch, erfaßt die Schlinge des zusammengelegten Fadens, zieht sie unter den Steg hindurch, umschlingt die Fadenenden mit der Häkelnadel und zieht die Fäden durch die Schlinge. Anschließend die Fadenenden nochmals anziehen. Es entsteht ein Durchzugsknoten. Jetzt werden die Knüpffäden in der Reihe von links nach rechts gearbeitet. Die nächste Reihe wieder links beginnen. (Reihe 5 cm vom rechten seitlichen Rand entfernt beenden!) Man knüpft also von links nach rechts und von unten nach oben. Die beschriebene Arbeitsweise gilt allgemein.

**Zur Beachtung:** Beim Einknüpfen von Fäden in Aidastoff sollten in der Regel in der Reihe zwischen 2 Knoten 2 Gewebestege liegen.

Wird Jackenwolle verarbeitet, nimmt man für jeden Knoten einen Faden, bei Shetlandwolle 2, bei mittelstarker Wolle 3 Fäden. Die Anzahl der Fäden pro Knoten richtet sich also nach der Wollstärke.

Die Wollstärke hat auch Einfluß auf den Reihenabstand, bei Jackenwolle liegen 2 Gewebestege zwischen den Reihen, bei mittelstarker Wolle nur 1 Steg.

**Kissen fertigstellen:** Ist der Aidastoff auf der Fläche von 30 cm mal 60 cm beknüpft, den Stoff wie ein Buch zusammenlegen, Flor nach innen, die Seiten mit Steppstich zusammennähen, an der unteren Öffnung einen

Reißverschluß einarbeiten, die Arbeit wenden, Flor nach außen bringen; es ist ein Kissen entstanden, quadratisch und beidseitig beknüpft.

● ***Weitere Hinweise zum Knüpfen***

***Durchzugsknoten:*** Der Durchzugsknoten wurde im Arbeitsbeispiel beschrieben (siehe Seite 112 und Farbteil „Knüpfen“).

Außer dem Durchzugsknoten kann man mit vorgeschnittenen Fäden den geknüpften Ghiordesknoten oder mit Sticknadel, Wollfaden und Stäbchen den gestickten Ghiordesknoten arbeiten.

***Geknüpfter Ghiordesknoten:*** Man sticht mit der Häkelnadel oder mit dem Knüpfhaken unter den unteren Querfaden des Grundmaterials (Aidastoff, Stramin, Kanevas o. ä.), legt den Faden an den Häkelnadelkopf und zieht

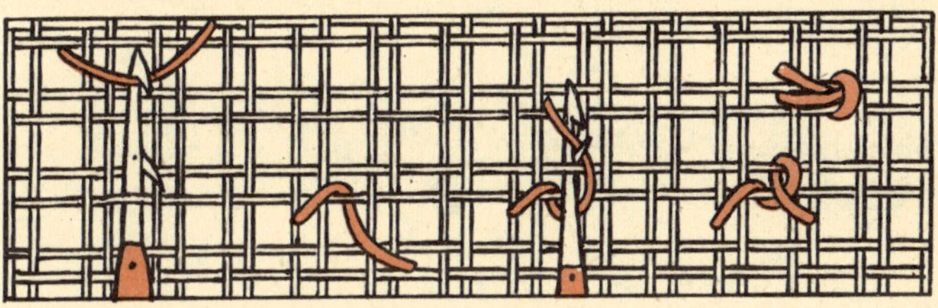

Geknüpfter Ghiordesknoten

ein Ende des Fadens hindurch (siehe Abb. oben). Dann sticht man mit der Häkelnadel unter den oberen Querfaden des Stoffes, legt den Faden um die Häkelnadel und zieht ihn hindurch. Alles festziehen.

***Gestickter Ghiordesknoten:*** Man fädelt einen langen Wollfaden in eine stumpfe Sticknadel und arbeitet wie immer reihenweise von links nach rechts. Der Fadenanfang bleibt am Reihenbeginn oder bei Neubeginn eines Fadens in Linealbreite hängen.

Gestickter Ghiordesknoten

Jeder Knoten entsteht aus 2 Stichen, die, wie beim echten Knüpfen, 2 Kettfäden umschlingen (siehe Abb. oben). Zwischen 2 Knoten wird der Faden über ein Lineal gelegt, wobei die linke Hand den Faden festhält, die rechte ihn straffzieht. Ist das Lineal überstickt, werden die Schlingen aufgeschnitten. Bei dieser Technik sind nur einfarbige Reihen möglich.

Bei Aidastoff braucht man für einen Knoten 2 Gewebekaros und läßt zwischen den Reihen 2 Gewebestege frei.

## Vorschläge zum Nacharbeiten: Teppichknüpftechnik (siehe Farbteil „Knüpfen")

*Knüpfen an Bekleidungsstücken*

**Material:** mittelstarkes Wollgarn

**Arbeitsanleitung:** Für Strick- und Häkelsachen Motive entwerfen; Wolle direkt ins Gestrick oder die Häkelarbeit mit Häkelnadel einknüpfen. Für Schmuck an Kleidern, Mänteln usw. Gardinenspannstoff als Gittergrund verwenden, entsprechende Knüpfarbeit anfertigen und festnähen.

*Rundteppich*

**Material:** Stramin (75 cm mal 75 cm groß), etwa 950 g Wollreste verschiedener Stärke, Ton in Ton (verschiedene Brauntöne).

**Arbeitsanleitung:** Stoff kreisförmig zuschneiden (Durchmesser 73 cm). Rand mit dichten Langettenstichen befestigen. Fäden mit Häkelnadel in waagerechten Reihen einknüpfen. Die Rundung wird dadurch erreicht, daß die Reihen unterschiedlich lang gearbeitet werden. Zwischen den Reihen 2 Gewebestege frei lassen.

***Geknüpfter Wandbehang***

Das Knüpfen eines großen Wandbehanges erfordert viel Geduld. Deshalb sollte man es mit einem Motiv versuchen, an dem mehrere Personen mitarbeiten können. Man zerschneidet den Aidastoff in gleich große Rechtecke und setzt die geknüpften Teile zum Schluß wieder aneinander. Achtung! Der gesamte Wandbehang muß farblich und im Muster eine harmonische Einheit bilden.

***Wandbild Urwaldbaum***

**Material:** etwa 30 cm mal 40 cm grob gewebter Stoff (Sackstoff), unterschiedlich starke Wollreste, Schnüre, Bindfäden, Bast usw. in Naturtönen bzw. Braun- und Grüntönen.

**Arbeitsanleitung:** Motiv entwerfen. Wollreste, Schnüre usw. in verschiedenen Längen zuschneiden und als Baumkrone einknüpfen. Durch die unterschiedliche Fadenlänge wird der Flor der Baumkrone unterschiedlich hoch und wirkt dadurch sehr dekorativ. Den Stamm in Schnurapplikation arbeiten (siehe Seiten 52, 58). Alles abfüttern und in einen Rahmen bringen.

# Makramee

## Was man über Makramee wissen sollte

Bei Makrameearbeiten verknüpft man Fäden mit verschiedenen Knoten untereinander. Die Bezeichnung Makramee leitet sich von dem arabischen Wort muharram ab, das heißt „Gitterwerk“. Sie deutet auf die Herkunft dieser Knüpfkunst aus dem Orient hin.

Materialien so miteinander zu verbinden, daß ein Geflecht entsteht, ist eine Kunst, die die Menschen schon vor Jahrtausenden kannten. Aus Fellstreifen, Pflanzenfasern und Sehnen stellten sie Kopfputz, Schurze, Jagdtaschen und dergleichen her.

Anregungen für das Knüpfen hat sicher auch die Webtechnik gegeben, denn das abschließende Verknoten der Kettfäden führte zum unterschiedlichen Verschlingen der hängengebliebenen Fäden. Der wohl älteste Hinweis ist auf einem assyrischen Relief (850 vor unserer Zeit) zu finden, auf dem ein Fransenabschluß in Makramee an einem Webstück zu erkennen ist.

Im 13. Jahrhundert erlebte die Knüpftechnik in Arabien ihre Blütezeit. Von hier aus verbreitete sie sich in alle Welt. Besonders Seeleute nahmen sich der Makrameekunst an; um sich die Zeit an Bord zu vertreiben, knüpften sie mit Schnur und verschenkten oder verkauften die entstandenen Arbeiten beim Landgang.

Heute werden in Makrameetechnik gern Taschen, Gürtel, Borten, Behänge, Raumteiler, Halsschmuck, Anstekker und dergleichen gestaltet.

Da Makrameearbeiten nicht elastisch wie Gestricktes oder Gehäkeltes sind, eignen sie sich kaum zum Fertigen von Bekleidungsstücken.

## Was man für Makramee benötigt

Als Material können für Makrameearbeiten verschiedenfarbige Bindfäden – zum Beispiel aus Leinen, Hanf oder Sisal –, Kordeln, Litzen, Wolle, starkes Häkelgarn, Kunst- und Naturbast, dünne Drähte und ähnliches verarbeitet werden. Geeignet sind alle reißfesten Materialien, die sich gut knoten lassen und nicht rutschen.

Eingeknüpfte Holz-, Glas- und Keramikperlen, Holz- und Keramikteilchen, Muscheln, Steine, Lederstreifen oder Metallfäden können den Schmuckwert der verschiedenen entstehenden Gegenstände erhöhen.

Zum Straffhalten der Fäden bei Knüpfbeginn braucht man eine Knüpfunterlage – ein Knüpfkissen. Behelfsmäßig reicht ein Keilkissen, ein Sandsack, ein schweres, mit Schaumgummi gepolstertes Brett mit Bezug oder ähnliches aus. Auch zwei Schraubzwingen, die im bestimmten Abstand am Tisch befestigt werden, sind für manche Arbeiten geeignet.

Auf der Knüpfunterlage wird der Einlagefaden mit Haltenadeln, Sicherheitsnadeln oder dickeren Stecknadeln festgesteckt (Abb. Seite 119).

Weiterhin legt man eine zum Material passende Häkelnadel, eine Sticknadel, ein Zentimetermaß und eine Schere bereit. Holzgriffe, Ringe oder Schnallen, in die

die Fäden eingehängt werden können, sind ebenfalls vorher zu besorgen.

Im Handel gibt es Vorlagen mit Musterzeichnungen zu kaufen. Wer die Grundknoten beherrscht, wird aber Spaß daran haben, eigene Ideen zu verwirklichen.

## Wie wird Makramee gearbeitet

Für Übungszwecke findet sich im Haushalt sicher derber Bindfaden. Um einige Handgriffe beim Verknüpfen von Fäden kennenzulernen, wird ein Probestück angefertigt.

● *Arbeitsbeispiel: Makrameeprobe*
**Material und Werkzeug:** 21 m Bindfaden, 2 Sicherheitsnadeln, Schere, Haltenadeln, Knüpfunterlage (Brett mit Schaumgummi gepolstert, mit Bezug versehen).

**Knüpffäden schneiden:** In der Regel rechnet man, daß die Knüpffäden viermal so lang wie das fertige Arbeitsstück sein müssen. (Die Fadenlänge ist je nach Stärke des Bindfadens, nach Knotenart und -dichte unterschiedlich. Umfangreicheren Arbeiten sollte eine Knüpfprobe vorausgehen. Man schließt dann vom Materialverbrauch für die Probe auf den Gesamtbedarf für das Arbeitsstück).

Für eine Makrameeprobe 20 Knüpffäden von 100 cm Länge, dazu einen Einlagefaden 60 cm lang schneiden.

**Einhängen der Fäden:** Die Knüpffäden werden über einen gespannten Einlagefaden eingehängt. Den Einlagefaden nimmt man doppelt und verknotet die Fadenenden. Dann wird der Doppelfaden auf der Knüpfunterlage straff in waagerechter Richtung gespannt, wobei er an beiden Seiten mit je einer Sicherheitsnadel festzustecken ist.

Das Einhängen der Knüpffäden geschieht so: Faden doppelt nehmen und die Schlaufe von oben unter den

*Einhängen der Knüpffäden*

Einlagefaden schieben. Schlaufe nach vorn biegen, die beiden Fadenenden durch die Schlaufe holen, Fadenenden straffziehen (siehe Abb. oben).

(Es gibt noch weitere Knüpfanschläge, zum Beispiel Anschlag mit Rippenknoten oder mit Bogen.)

In der Makrameeprobe ist der festgesteckte doppelte Einlagefaden 30 cm lang. Darin eingehängt sind 20 doppelte Knüpffäden, also 40 Enden, die 50 cm lang herunterhängen. (Sind die Knüpffäden für eine Arbeit sehr lang, werden sie von oben ähnlich dem Schlingenknäuel gewickelt, so daß man bequem arbeiten kann – siehe Seite 82).

Zu Arbeitsbeginn 19 Doppelfäden nach rechts schieben, links einen Doppelfaden hängen lassen.

**Knoten knüpfen:** Geknüpft wird mit beiden Händen, wobei die eine Hand den Faden hält, um den die andere Hand den weiteren Faden schlingt.

– Einfacher Schlingenknoten/Langettenknoten (Abb. Seite 120)

a) Die ersten beiden Fäden nehmen. Den linken Faden mit der linken Hand festhalten und den rechten darüberlegen, ihn von hinten nach vorn durch die Schlaufe holen und straffziehen. So weiter arbeiten, bis der rechte Faden verbraucht ist.

b) Den nächsten Doppelfaden zur Verarbeitung nach links schieben, den Knoten jetzt in entgegengesetzter

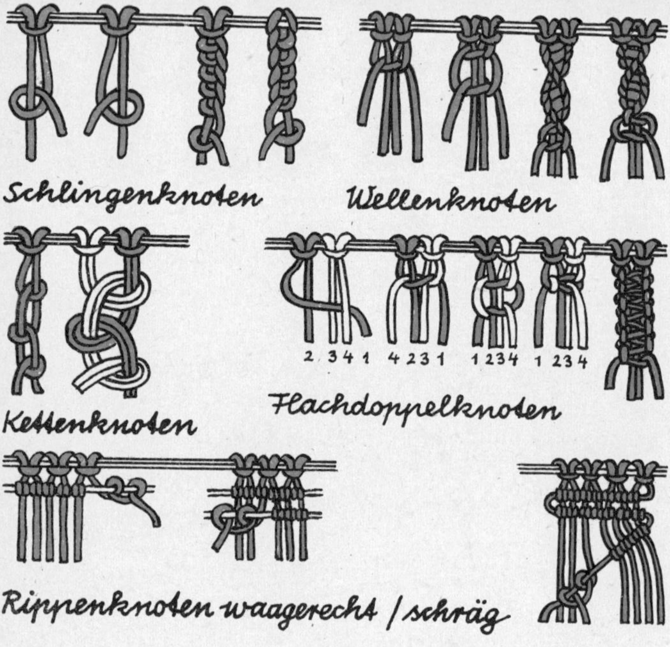


Richtung arbeiten: rechten Faden festhalten, linken darüberlegen und von hinten nach vorn durch die Schlaufe ziehen. Mehrere Knoten knüpfen.

– Doppelter Schlingenknoten/Schiffchenknoten

Wieder einen Doppelfaden zur Verarbeitung nach links schieben. Den rechten Faden festhalten, den linken Faden darüberlegen und ihn von hinten nach vorn durch die Schlaufe ziehen. Dann den linken Faden unter den rechten legen und ihn von vorn nach hinten durch die Schlaufe ziehen. Das wird abwechselnd fortgesetzt.

Als Arbeitsstichworte könnte man sich merken: darüber, darunter.

– Einfacher Kettenknoten (siehe Abb. oben)

Er wird wie der einfache Schlingenknoten gearbeitet, wobei man abwechselnd mit dem rechten und linken Faden Umschlingungen ausführt.

1 Doppelfaden zum Verarbeiten nach links holen. Abwechselnd, wie es unter a) und b) beim einfachen Schlingenknoten beschrieben ist, arbeiten.

2 Doppelfäden zum Verarbeiten nach links holen und diesen Knoten nochmals mit je 2 Knüpffäden üben.

– Flachdoppelknoten (Abb. Seite 120)

2 Doppelfäden zum Verarbeiten nach links schieben. Die mittleren beiden Fäden bleiben als Einlagefäden hängen, mit den beiden äußeren wird geknüpft. Die Einlagefäden, zwischen dem Mittelfinger und dem Ringfinger der linken Hand liegend, straffhalten, 2 Arbeitsgänge folgen:

a) Den linken äußeren Faden (1) rechtwinklig von links nach rechts über die mittleren Einlagefäden (2 und 3) führen. Den rechten äußeren Faden (4) aufnehmen und ihn über den Faden (1) unter die Einlagefäden (3 und 2) führen. Zwischen dem linken Faden (1) und dem Einlagefaden (2) wieder nach oben kommen.

b) Umgekehrt arbeiten: Den rechts liegenden äußeren Faden (1) rechtwinklig von rechts nach links über die Einlagefäden (3 und 2) führen. Dann den links liegenden äußeren Faden (4) über den von rechts kommenden (1) und unter die Einlagefäden (2 und 3) legen. Zwischen der rechts liegenden Schlaufe des Fadens (1) und dem Einlagefaden (3) wieder nach oben kommen.

Untereinander gearbeitet ergibt sich eine flache Knotenkette.

Als Arbeitsstichworte könnte man sich merken: links drüber, rechts drunter, Schlaufe, ziehen – rechts drüber, links drunter, Schlaufe, ziehen.

Ein Gittermuster aus Flachdoppelknoten ergibt sich, wenn mit den Fäden reihenweise versetzt gearbeitet wird.

Dazu 6 Doppelfäden zum Verarbeiten nach links schieben. In der 1. Reihe 3 Flachdoppelknoten knüpfen. In der 2. Reihe die ersten beiden Fäden unbearbeitet lassen. 2 Doppelknoten knüpfen, 2 Fäden bleiben übrig.

Die nächste Reihe wie die erste arbeiten. Läßt man zwischen den Knotenreihen fingerbreite Abstände, wird daraus ein Netzmuster.

– Wellenknoten (Abb. Seite 120)

2 Doppelfäden zum Verarbeiten nach links schieben. Den ersten Arbeitsgang nach Flachdoppelknoten (Abschnitt a) ausführen. Immer mit dem links liegenden Knüpffaden beginnen. Die wellenförmige Knotenreihe dreht sich ein. Man kann auch in umgekehrter Richtung arbeiten (Abschnitt b).

– Rippenknoten (Abb. Seite 120)

Man arbeitet mit einem querliegenden Einlagefaden, der über den Knüpffäden liegt. Der Einlagefaden kann ein Hilfsfaden oder ein langer Knüpffaden sein. Es lassen sich waagerechte, schräge und senkrechte Rippenknoten knüpfen, die in Verbindung mit anderen Knoten die Knüpffäden festlegen und ordnen.

Mit den letzten 4 Doppelfäden zuerst waagerechte Reihen arbeiten. Als Einlagefaden wird der äußere linke Faden rechtwinklig über die Knüpffäden gelegt und mit der rechten Hand straffgehalten. Zur sauberen Eckbildung vor den Einlagefaden am Außenrand der Reihe eine Haltenadel stecken. Die Knüpffäden werden dann der Reihe nach je zweimal um den Einlagefaden geschlungen. Von links mit der linken Hand beginnen: den 1. Faden über den Einlagefaden legen und das Ende von hinten nach vorn durch die Schlaufe ziehen. Das gleiche noch einmal wiederholen, dabei mit dem linken Daumen die Schlingen dicht aneinanderschieben. Nun ebenso mit dem 2. Faden arbeiten usw. Es entsteht eine gleichmäßige Rippe. Am Reihenende den Einlagefaden wenden und unter der 1. Rippe waagerecht nach links spannen, mit der linken Hand festhalten. Vor den Einlagefaden wieder eine Haltenadel einstecken. Nun mit der rechten Hand knüpfen: den 1. rechten Faden zweimal um den Einlagefaden schlingen usw. Die Schlingen dicht an die 1. Rippenreihe heranschieben, damit kein Zwischenraum entsteht. (Schräge Rippen in ähnlicher Weise arbeiten, dazu den Einlagefaden schräg spannen.)

Nach 4 waagerechten Reihen darunter senkrechte Reihen arbeiten. Die senkrechten Fäden dienen jetzt als Einlagefäden, der quergelegte Faden bildet die Knoten. Der rechte äußere Faden wird als Knüpffaden nach links gelegt. Mit der rechten Hand zuerst den 1. rechten Einlagefaden über den Knüpffaden legen und straff halten. Mit der linken Hand den Knüpffaden zweimal um den Einlagefaden schlingen, die Schlingen dicht zusammen nach oben schieben. Dann den 2. Einlagefaden über den Knüpffaden legen, mit diesem Schlingen bilden usw. Erst nach mehreren Reihen sind die senkrechten Rippen zu erkennen.

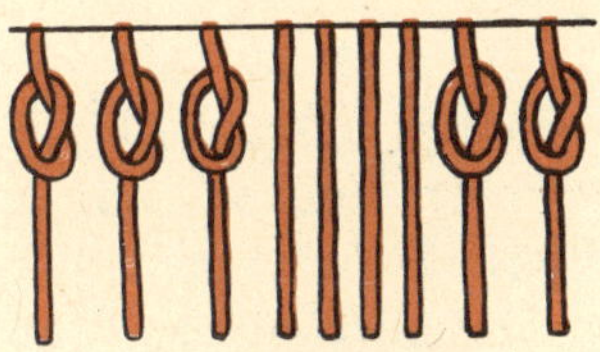

Überhandknoten

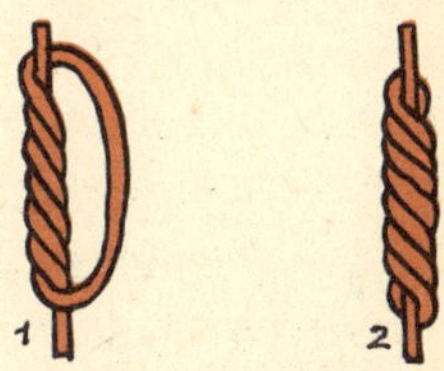


Faden mehrmals durch Schlinge

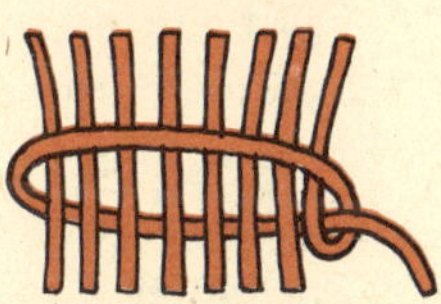

Binden eines Büschels

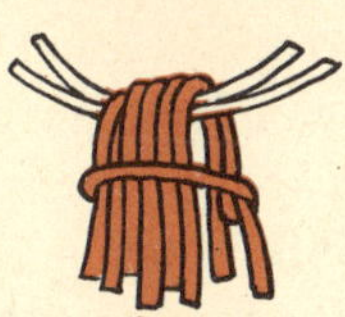

Quaste einhängen

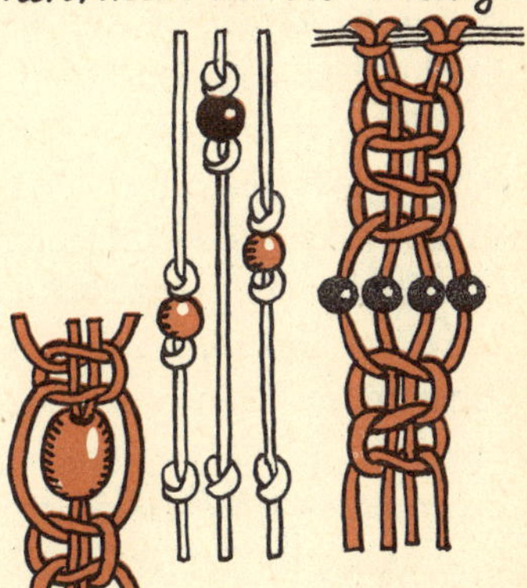

Perlen einfügen

**Makrameeprobe fertigstellen:**

Verschiedene Abschlußmöglichkeiten üben (Abb. Seite 123).

- Mit Faden eine Schlaufe bilden, Enden hindurchstekken und festziehen, eventuell vorher eine Perle aufziehen. Mit Fadenbüschel eine Schlaufe bilden, alle Enden hindurchstecken und festziehen.
- Mit Faden eine Schlaufe bilden, Ende mehrmals hindurchstecken und festziehen.
- Mehrere Fäden als Bündel nehmen, mit dem rechts außen liegenden Faden umwickeln und ihn durch die entstehende Schlaufe ziehen, mehrfach wiederholen.
- Quaste einhängen.

Zum Schluß wird der festgesteckte Einlagefaden am Knotenende aufgeschnitten, ein Ende herausgezogen und die Enden wieder verknotet. Die Probe als Anschauungsmaterial aufheben.

● ***Weitere Hinweise zu Makramee***

***Neuen Faden einfügen:*** Ist ein Faden gerissen oder zu kurz, legt man die Fadenenden des alten und neuen Fadens etwa 4 cm übereinander, vernäht diese auf der Rückseite und knüpft über beide Fäden weiter.

***Rundknüpfen:*** Man kann dazu Knüpffäden in einen Ring einhängen, aber auch mit einem Schnurring oder einer Quaste beginnen. Für den Schnurring den Faden in 3 bis 4 Schlaufen zum kleinen Kreis legen, die Enden mittels Flachknoten sichern und dann Fäden einhängen. Die Quaste entsteht, wenn alle Knüpffäden an einem Ende mit dickem Knoten verbunden werden. Die kurzen hängenden Fäden bilden die Quaste, mit den langen wird geknüpft.

***Gerade Abschlüsse:*** Dazu werden die Fadenenden an Makrameearbeiten entweder eingewebt, umnäht oder umsäumt. Beim Einweben die losen Enden in eine dicke

Stopfnadel einfädeln und auf der Rückseite der Arbeit ungefähr 5 cm gerade nach oben durch die Knoten ziehen. Zum Umnähen die Enden gleichmäßig 5 cm zurückschneiden, auf die Rückseite umbiegen und mit überwendlichen Stichen (siehe Seite 23) annähen. Das Umsäumen erfolgt mit Nahtband. Dazu die Fadenenden in 0,6 cm Länge abschneiden, das Nahtband in halber Breite auf die Vorderseite der Arbeit legen, darauf die Fäden von hinten gleichmäßig feststecken und aufnähen. Dann das Nahtband zur Rückseite umschlagen und die Kanten ansäumen (siehe Seite 24).

## Vorschläge zum Nacharbeiten: Makramee

(siehe Farbteil „Makramee“)

*Gürtel/Halsschmuck*

**Material:** 10 m dünner, stabiler Bindfaden, Perlen aus Holz oder Keramik, Haltenadel, Knüpfunterlage, Schere.

**Arbeitsanleitung:** 2 Fäden 3 m lang, 2 Fäden 1,20 m lang abschneiden. Alle 4 Fäden mit einem einfachen Knoten, wie er an Fadenenden beim Nähen üblich ist (Überhandknoten), zusammenknoten, so daß die Fadenenden eine 6 cm lange Franse bilden. Fäden am Knoten auf der Knüpfunterlage mit Haltenadel feststecken. Zum Knüpfen die Fäden so ordnen, daß die beiden langen Fäden außen, die beiden kurzen Fäden innen liegen.

Eine Flachdoppelknotenreihe knüpfen. Nach jeweils 5 Flachdoppelknoten 1 Perle auf die beiden inneren Fäden ziehen (Abb. Seite 123). Ist die gewünschte Länge erreicht, Fäden mit Überhandknoten verknoten, eine 6 cm lange Franse stehenlassen. Die restlichen Fadenenden abschneiden.

Eine andere Möglichkeit wäre, folgendermaßen zu arbeiten: auf 5 Flachdoppelknoten folgen 3 cm Wellenknoten, nochmals 5 Flachdoppelknoten knüpfen, eine Perle aufziehen, dann wieder mit 5 Flachdoppelknoten beginnen usw.

*Netz*

**Material:** derber Bindfaden, Haltenadeln, Knüpfunterlage, Schere.

**Arbeitsanleitung:** Mit 48 Fäden, etwa 3,50 bis 4,0 m lang, beginnen. Die Anzahl der Fäden teilen. Aus je 24 Fäden in der Mitte einen 25 cm langen Henkel wie einen Zopf flechten (siehe Seite 150). Den Henkel an beiden Seiten mit einem Überhandknoten befestigen. Dann die Knoten auf der Unterlage feststecken.

Zunächst wird in zwei Teilen, von jedem Henkel ausgehend, geknüpft. Mit jeweils 4 Fäden etwa 3 cm Wellenknoten knüpfen. Danach die Fadengruppen teilen und den versetzten Flachdoppelknoten arbeiten. Dabei fingerbreite Abstände belassen. Die beiden äußeren Fäden bleiben hängen. Bei der nächsten Reihe nimmt man diese wieder mit auf. Ab der 5. Reihe die Arbeit verbinden. Man muß sie jetzt fortgesetzt drehen oder kann über einen passenden runden Gegenstand arbeiten. Zum Abschluß, nach etwa 30 cm, die Arbeit mit Überhandknoten abschließen, indem jeweils 2 Fäden von vorn und hinten verbunden werden. Diese bleiben als Fransen hängen. Fransen gleichmäßig lang schneiden.

***Taschentuchbehälter***

**Material:** je ein Knäuel Bastlerbindfaden in zwei Farben (grün, weiß), 1 leere Blechdose (Durchmesser 5 cm), Schere.

**Arbeitsanleitung:** Den Einlagefaden um die Dose legen und verknoten. Dann je 20 weiße und grüne Fäden 80 cm lang zuschneiden und farblich abwechselnd über den Einlagefaden einhängen. Mit dem Knüpfen der

Flachdoppelknoten so beginnen, daß die beiden weißen Fäden innen (als Einlage), die beiden grünen außen (als Knüpffäden) liegen. Jeweils 2 Flachdoppelknoten untereinander arbeiten, und zwar über die ganze Rundung. Danach die Knoten versetzen, wodurch der Farbwechsel zustande kommt. Der weiße Einlagefaden dient dann als Knüpffaden. Nach 8 cm jeweils 2 Fäden von vorn und hinten mit Überhandknoten verknoten. Die entstandenen Fransen gleichmäßig lang schneiden.

# Stricken

## Was man über das Stricken wissen sollte

Beim Stricken werden mit Hilfe von Stricknadeln aus einem Faden fortgesetzt Schlingen oder Maschen gebildet. Da die Maschen Reihe für Reihe direkt ineinandergreifen, entsteht ein dehnbares Gestrick. Es schmiegt sich der jeweiligen Form gut an. Viele verschiedene Bindungsmöglichkeiten der Maschen untereinander erlauben es, verschiedene Muster und Formen zu gestalten.

Die Technik des Strickens ist schon sehr alt. Es wird vermutet, daß sie aus der altägyptischen Flechtarbeit hervorgegangen ist. In koptischen Gräbern (die Kopten sind die Nachkommen der alten Ägypter) aus dem 5. Jahrhundert vor unserer Zeit fand man eine gestrickte Kindersocke.

Lange Zeit fast vergessen, kam die Stricktechnik im 16. Jahrhundert wieder zu Ehren. Damals erhielt der englische König Heinrich VIII. ein Paar handgestrickte Strümpfe als wertvolles Geschenk überreicht.

Viele Jahre wurden vorwiegend Strümpfe in Stricktechnik angefertigt. Das änderte sich sprunghaft, als Mitte des 19. Jahrhunderts die Entwicklung der mechanischen Wirk- und Strickmaschinen einsetzte und sich das Angebot an Wirkwaren erhöhte und verbreitete. Strickbekleidung wurde Mode und beeinflußte die Mode. Auch maschinelle Gestricke für Wohnraumtextilien kamen auf den Markt.

Dennoch blieb das Interesse, Strickarbeiten mit der Hand oder mit der eigenen Strickmaschine herzustellen. Die Maschenmode schöpfte und holt noch heute ihre Ideen nicht selten aus der Folklore. Besonders in den letzten Jahren zeigt sich, daß Stricken auch eine anspruchsvolle künstlerische Technik sein kann, die von Textilgestaltern und Volkskunstschaffenden ständig weiterentwickelt wird.

## Was man zum Stricken benötigt

Zum Stricken können die unterschiedlichsten Garne verwendet werden: Wolle, Wollmischgarn, synthetisches Garn, Baumwoll- oder Kunstseidengarn. Die Wahl des Arbeitsfadens wird immer vom Gegenstand abhängen, der entstehen soll. Für einen derben Rollkragenpullover nimmt man ein dickes Woll- oder Wollmischgarn, für einen Sommerpulli ein dünnes synthetisches Garn oder auch Baumwollgarn und für einen Spitzenkragen eventuell einen Kunstseidenfaden.

Das Garn kann als Knäuel oder in Lagen gekauft werden. Damit es beim Stricken nicht anschmutzt, ist ein Garnbehälter, zum Beispiel eine Plastetüte, günstig.

Strickwerkzeuge sind Stricknadeln in verschiedenen Nadelstärken und -längen. Alle Nadeln besitzen – gleich aus welchem Material – glatte Spitzen, über die die Maschen gleiten und mit denen sie neu gebildet werden. Es gibt lange starre Nadeln aus Metall und biegsame Nadeln aus Plaste mit Metall- oder Plastespitzen, die an einem Ende Knöpfe haben, damit die Maschen nicht abgleiten.

Man benutzt sie zum Stricken von hin- und hergehenden Reihen.

Zum Rundstricken benötigt man ein Nadelspiel. Es besteht aus 5 Nadeln (Metall oder Plaste), die jeweils an beiden Seiten zugespitzt sind.

Ebenfalls dem Rundstricken dienen Rundstricknadeln aus Plastseilen mit festen Spitzen. Man kann diese auch zum Stricken in hin- und hergehenden Reihen benutzen. Die Plasterundstricknadeln sind bei größeren Arbeiten leichter zu handhaben als die langen Nadeln.

Für die Wahl der Nadelstärke gibt es keine feststehende Regel, da es von der eigenen Arbeitsweise mit abhängt, wie locker oder fest das Gestrick wird. Allgemein richtet sich die Nadelstärke nach dem Arbeitsfaden. Zur Kontrolle sticht man mit der Nadel durch eine Pappe. Paßt der Faden bequem hindurch, kann man mit der Nadel stricken. Wird die Strickerei zu fest und engmaschig, ist die Nadel zu dünn und muß gegen eine dickere ausgetauscht werden bzw. umgekehrt.

Für Strickarbeiten gibt es Arbeitsanleitungen und Mustervorlagen, Strickschriften, zu kaufen. In den Anleitungen werden meist Garn- und Nadelstärke angegeben. Eine gute Strickarbeit ist weich, elastisch und dehnbar.

## Wie wird gestrickt

Die wichtigsten Maschenarten sind rechte und linke Maschen. Bildet man zusätzlich Umschläge mit dem Arbeitsfaden oder strickt Maschen unterschiedlich ab bzw. zusammen, entstehen immer wieder neue Strickmuster. Durch verschiedenes Kombinieren und Variieren der Maschen kann man also selbst Strickmuster entwickeln. In Strickschriften sind die Maschen durch verschiedene Symbole gekennzeichnet.

● *Arbeitsbeispiel: Topflappen* (siehe Farbteil „Stricken")
**Material und Werkzeug:** 100 g starkes Wollgarn (auch farblich zueinander passende Wollreste), 2 Stricknadeln Nr. 4, eine Häkelnadel Nr. 3, Sticknadel, Zentimetermaß, Schere.

Topflappengröße: ungefähr 19 cm mal 19 cm

**Garnlagen aufwickeln:** Man schiebt die Garnlagen über eine Stuhllehne, wickelt den Faden anfangs mehrmals um zwei Finger der linken Hand, nimmt die Fäden von der Hand und wickelt dann gleichmäßig in wechselnde Richtungen weiter, so daß ein Fadenknäuel entsteht.

Achtung! Nicht zu fest wickeln, sonst dehnt sich der Faden zu sehr und ist nicht mehr so elastisch und haltbar.

Deshalb Finger zwischen Knäuel und aufzuwickelnden Faden schieben.

**Maschen anschlagen/Häkelanschlag:** Jede Strickarbeit beginnt mit dem Aufnehmen von Maschen, die die Grundreihe eines Strickstückes bilden. Man kann die Maschen zum Beispiel aufstricken, aufschlagen, aufschlingen oder aus einer gehäkelten Luftmaschenkette aufnehmen (Häkelanschlag). Der Maschenanschlag verlangt viel Fingerfertigkeit. Anfänger sollten mit einem Häkelanschlag beginnen, der am leichtesten zu arbeiten ist. Weitere Maschenanschläge sind auf den Seiten 136 bis 139 beschrieben.

Eine Luftmaschenkette aus 25 Luftmaschen häkeln (siehe Seite 96). Nachdem die Häkelnadel aus der letzten Luftmasche gezogen ist, die Luftmaschenkette mit der linken Hand unterhalb dieser Masche festhalten. Die Stricknadel von oben in die rechte Hand nehmen, Daumen und Zeigefinger liegen an der Spitze. Mit der Stricknadel von vorn nach hinten durch die letzte Luftmasche stechen und dann fortlaufend durch jede Luftmasche eine Schlinge holen. Dazu die Stricknadel ebenfalls von vorn nach hinten durch die Luftmasche stechen, den Arbeitsfaden über die Stricknadel legen und als Schlinge durchziehen (Hinreihe).

**Handhaltung beim Stricken** (Abb. Seite 137): Mit 2 Nadeln stricken, die abwechselnd als Maschen- und Arbeitsnadel benutzt werden. Auf der Maschennadel befinden sich die aufgeschlagenen Maschen, später auch die gestrickten. Man hält sie mit der linken Hand.

Der Arbeitsfaden läuft, wie beim Häkeln vom Knäuel kommend, zwischen dem kleinen Finger und dem Ringfinger, dann über die Innenfläche der linken Hand, zwischen Mittel- und Zeigefinger nach außen und wird ein- oder zweimal um den abgespreizten Zeigefinger gewikkelt.

Mit der Arbeitsnadel in der rechten Hand bildet man die neuen Maschen.

**Maschen stricken:** Beim Stricken des Topflappens übt man nacheinander in mehreren Reihen rechte Maschen, linke Maschen und versetzte Rechts- und Linksmaschen.

– Rechte Maschen (Abb. Seite 133)

Um einen sauberen und festen Rand zu erhalten, wird die 1. Masche der Maschennadel stets abgehoben. Dazu liegt der Arbeitsfaden vor der Arbeitsnadel. In die 1. Masche von rechts nach links einstechen und sie auf die Arbeitsnadel heben. Man sagt, die Masche wird wie zum Linksstricken abgehoben. Auf diese Weise bildet sich nach mehreren gestrickten Reihen ein Kettenrand (Abb. Seite 133).

Die nachfolgenden rechten Maschen entstehen dann so: Der Arbeitsfaden wird hinter die Strickreihe gelegt. Die Arbeitsnadel sticht von links nach rechts durch die erste Masche auf der Maschennadel (a), den Arbeitsfaden von hinten nach vorn über die Arbeitsnadel legen und durch die Masche ziehen (b). Der rechte Zeigefinger tippt die Maschennadel leicht an, wobei die neue Masche auf

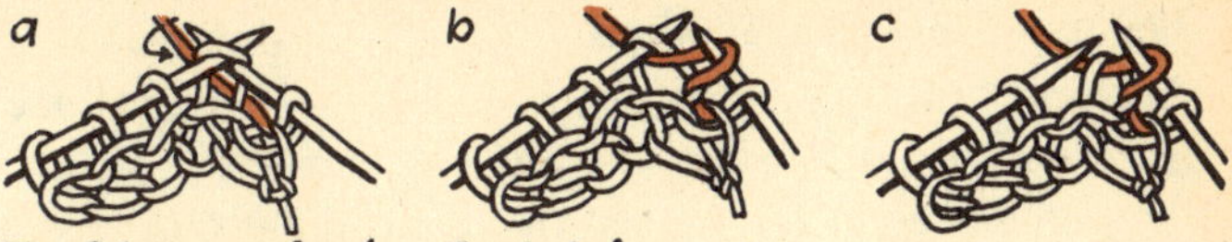


Rechtsmasche im Entstehen

rechte Masche stricken

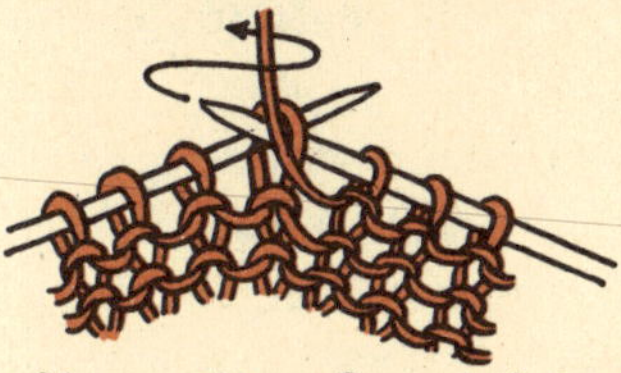

linke Masche stricken

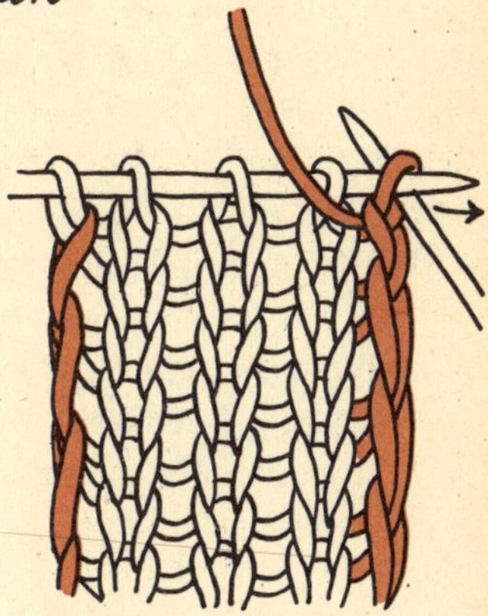

Kettenrand

die Arbeitsnadel gleitet (c). Den Vorgang bis zum Reihenende wiederholen. Diese Reihe bildet eine Rückreihe. Die letzte Masche jeder Reihe – ganz gleich, welche Maschen oder Muster gestrickt werden – wird immer rechts abgestrickt.

Für die nächste Reihe (Hinreihe) wird die abgestrickte Maschennadel zur Arbeitsnadel. Man wendet die Arbeit, nimmt die Nadel mit dem Strickgut in die linke Hand und arbeitet wie bereits beschrieben: 1. Masche wie zum Linksstricken abheben, dann rechte Masche stricken. Etwa 3 cm hoch arbeiten, das sind 10 Reihen. Mit einer Hinreihe enden. Das Muster heißt Rippenmuster. Man sagt auch kraus gestrickt (Abb. Seite 135 b).

In der Rückreihe strickt man nun

– Linke Maschen (Abb. Seite 133)

Zur sauberen Randbildung wird die 1. Masche wieder

wie zum Linksstricken abgehoben. Zur Linksmasche den Arbeitsfaden vor die Arbeitsnadel legen, von rechts nach links durch die Masche auf der Maschennadel stechen, den Arbeitsfaden von hinten nach vorn über die Arbeitsnadel führen und durch die Masche ziehen. Der rechte Zeigefinger tippt die Maschennadel wieder leicht an, wobei die neue Masche auf die Arbeitsnadel gleitet. Die Reihe fortsetzen, die letzte Masche der Reihe rechts abstricken.

Würde man die nächste Reihe mit Linksmaschen fortsetzen, ergäbe sich ein kraus gestricktes Stück, gleich dem rechtsgestrickten; denn Linksmaschen sind die Umkehrung von Rechtsmaschen.

Soll jedoch ein glattes Muster erzielt werden, müssen abwechselnd Reihen in linken und rechten Maschen gestrickt werden. Die linken Maschen erscheinen auf der Vorderseite dann als rechte Maschen. Das soll geübt werden.

**Muster glatt rechts** (Abb. Seite 135 a): Nach der Reihe linker Maschen jetzt 1 Reihe rechts stricken, dann wieder 1 Reihe links, 1 Reihe rechts und weiter im Wechsel, 3 cm hoch (8 Reihen). Auf die richtige Randbildung achten.

Aus der Kombination rechter und linker Maschen ergeben sich nun, wie schon gesagt, viele Mustervarianten. Eine davon ist das

**Perlmuster** (Abb. Seite 135 d): In der Reihe immer im Wechsel 1 rechte Masche und 1 linke Masche stricken. In der 2. Reihe strickt man versetzt, das bedeutet: auf der zuvor rechts gestrickten Masche (die nun als linke Masche erscheint) wieder rechts, auf der zuvor links gestrickten Masche (die nun als rechte Masche erscheint) wieder links. Bei einer ungeraden Maschenanzahl, wie sie zum Topflappen angeschlagen wurde, ist das nicht schwer.

Das Muster ergibt sich, wenn jede Reihe wie folgt ge-

a

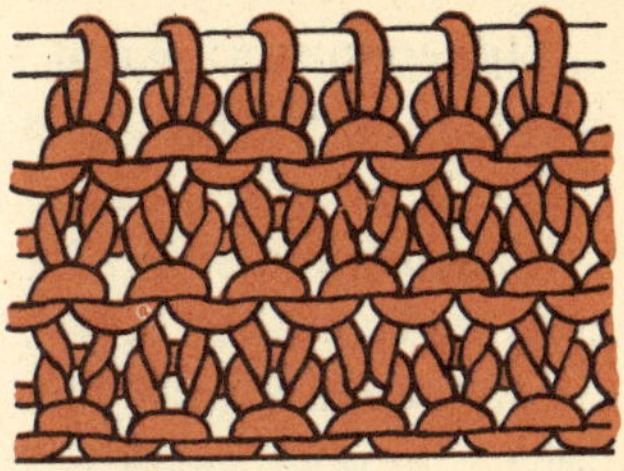

b

c

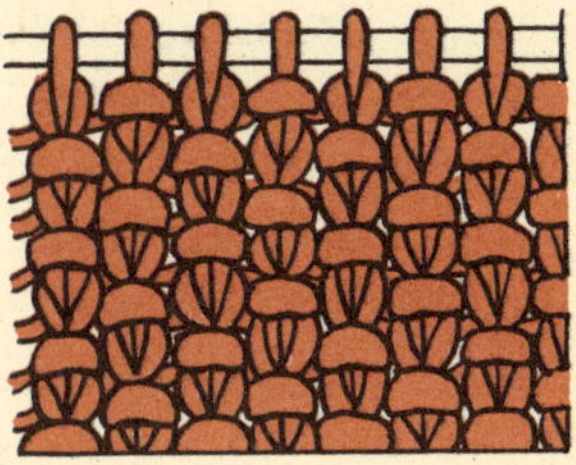

d

strickt wird: Masche wie zum Linksstricken abheben, 1 Masche rechts, 1 Masche links, 1 Masche rechts und weiter im Wechsel. Letzte Masche rechts abstricken. Man muß gut aufpassen, denn man verzählt sich leicht. Im Muster 3 cm hoch arbeiten (8 Reihen).

Zur Ergänzung: Würden die Maschen nicht versetzt, sondern gleichmäßig wechseln, entstände ein schmales Streifenmuster. Dieses Muster ist wie das Perlmuster ebenfalls sehr bekannt, aber es soll im Arbeitsbeispiel nicht geübt werden, weil sich die Maschen eng zusammenziehen. Das Muster eignet sich für Abschlüsse an Ärmeln, Halsausschnitten usw. In der oberen Abbildung (c) wird ein breites Streifenmuster gezeigt mit 2 Maschen rechts und 2 Maschen links im Wechsel.

**Muster glatt rechts:** Noch einmal wiederholen, 3 cm im Muster glatt rechts aus abwechselnd einer Reihe Links- und Rechtsmaschen stricken. (Hinreihe rechts, Rückreihe links stricken).

**Rippenmuster:** Noch einmal wiederholen, 3 cm im Rippenmuster (siehe unter rechte Maschen).

Das Topflappenquadrat ist nun vervollständigt.

**Maschen abketten:** Damit beendet man eine Strickarbeit. Abketten ist durch Herüberziehen der Maschen (siehe Seite 140), durch Zusammenstricken (siehe Seite 139) oder durch Abhäkeln möglich.

– Abketten durch Abhäkeln. Dazu werden die ersten beiden Strickmaschen auf die Häkelnadel genommen und lose mit 1 Kettmasche (Abb. Seite 97) zusammengehäkelt. Die auf der Häkelnadel verbleibende Masche wird mit der nächsten Strickmasche durch 1 Kettmasche verbunden usw.

Zum Schluß Faden abschneiden und durch die letzte Masche ziehen.

**Topflappen fertigstellen:** Insgesamt 4 solcher Topflappenquadrate anfertigen. Dann je 2 Teile links auf links legen und sie mit 1 Runde fester Maschen (Abb. Seite 97) zusammenhäkeln, in den Ecken jeweils 3 feste Maschen.

Für den Aufhänger an einer Ecke 1 feste Masche, 15 Luftmaschen, 1 feste Masche häkeln. Dann noch 1 weitere Runde fester Maschen um den gesamten Topflappen häkeln. Dabei in die Luftmaschenschlaufe 17 feste Maschen arbeiten. Fadenenden gut vernähen.

### • *Weitere Hinweise zum Stricken*

***Maschenanschlag durch Aufstricken*** (Abb. Seite 137): Er findet meist zum Stricken in hin- und hergehenden Reihen Anwendung. Zuerst wird eine Anfangsschlinge gefertigt. Sie entsteht, wenn der rechte Zeigefinger wie eine Häkelnadel benutzt und damit eine Luftmasche „gehäkelt“ wird. Dann steckt man eine Stricknadel (Maschennadel) durch die Schlinge, nimmt die Nadel in die linke Hand und führt den Faden wie beim Stricken ebenfalls in

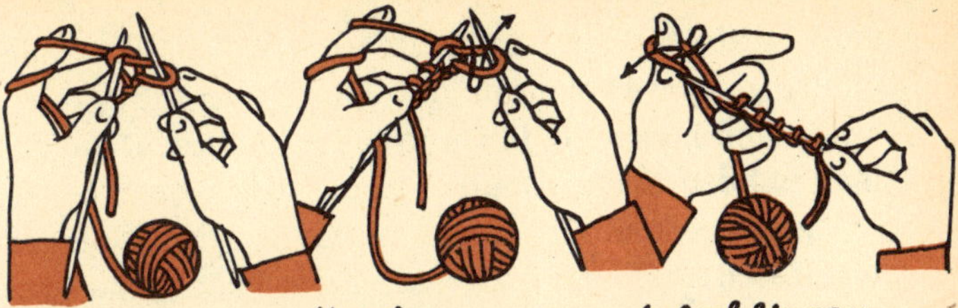


der linken Hand. Mit der zweiten Stricknadel (Arbeitsnadel) ist von links nach rechts durch die Anfangsschlinge zu stechen, der Arbeitsfaden einmal von hinten nach vorn um die Arbeitsnadel zu schlingen und als neue Masche durchzuziehen. Jetzt sticht man mit der Maschennadel von rechts nach links in die neu gebildete Schlinge und hebt sie von der Arbeitsnadel auf die Maschennadel. Für die nächste Masche wird die Arbeitsnadel in die neu gebildete Masche gestochen usw.

***Der Kreuzanschlag*** (Abb. Seite 138): Er ist der gebräuchlichste Anschlag und wird beim Stricken von Reihen und Runden angewendet. Bei diesem Anschlag muß ein langes Fadenende zum Anschlagen der Maschen hängenbleiben, wobei sich die Fadenlänge nach der Anzahl der aufzuschlagenden Maschen richtet.

Zur Übung ein 40 cm langes Fadenende hängenlassen. Maschen anschlagen, bis der Faden verbraucht ist. Nach der sich ergebenden Maschenzahl ist die notwendige Fadenlänge für eine größere Strickarbeit zu berechnen. Wurden zum Beispiel aus einem 40 cm langen Faden 20 Maschen angeschlagen, benötigt man für einen Anschlag von 60 Maschen also ein 1,20 m langes Fadenende.

Der Kreuzanschlag wird wie folgt gearbeitet: Eine Anfangsschlinge fertigen, so daß der Faden in der errechneten Länge herunterhängt. Die Anfangsschlinge entsteht, wenn man den rechten Zeigefinger wie eine Häkelnadel benutzt und damit eine Luftmasche „häkelt". Die beiden herabhängenden Fäden mit dem Mittel-, dem Ring- und dem kleinen Finger der linken Hand festhalten. Dann die Fäden mit dem linken Daumen und Zeigefinger nahe der Anfangsschlinge auseinanderspreizen. Der Knäuelfaden muß über dem Zeigefinger liegen, das Fadenende über dem Daumen.

Mit der rechten Hand 2 übereinandergelegte Stricknadeln wie zum Stricken in die Anfangsschlinge stecken. (Bei 2 Nadeln wird der Strickrand besonders elastisch.) Zieht man die Nadeln mit der Anfangsschlinge jetzt zur Handinnenfläche, entsteht eine Schlaufe um den Daumen. In diese sticht man mit den Nadeln von unten nach

Kreuzanschlag

oben ein, umfaßt den vom Zeigefinger kommenden Arbeitsfaden von hinten nach vorn (a), holt ihn als Schlinge durch die Daumenschlaufe, zieht den Daumen aus der Schlaufe und die Schlinge an, indem das Fadenende wieder um den Daumen gelegt und die Fäden auseinandergespreizt werden (b). Auf die gleiche Weise fortsetzen.

***Maschenanschlag durch Aufschlingen*** (Abb. Seite 137): Er wird meist beim Zunehmen von Maschen am Reihenende angewendet. Die Stricknadel mit der Strickarbeit liegt in der rechten Hand. Man schlingt den Arbeitsfaden um den linken Daumen und hält das zum Knäuel führende Ende mit Mittel-, Ring- und kleinem Finger fest. Zum Aufschlingen führt man die Stricknadel unter den vorderen Faden der Daumenschlaufe und dann über den hinteren Faden der Daumenschlaufe, wobei man den Daumen aus der Schlaufe zieht. Den Faden straffziehen! Die erste Schlinge ist fertig.

Ständig wiederholen.

***Seitenränder:***

– Kettenrand

Er entsteht, wenn die 1. Masche der Reihe wie zum Linksstricken abgehoben, die letzte Masche der Reihe rechts abgestrickt wird (siehe auch Seite 132).

– Knötchenrand

Er entsteht, wenn die 1. Masche wie zum Rechtsstricken abgehoben, die letzte Masche der Reihe rechts abgestrickt wird.

***Zunehmen:***

– Am Reihenanfang

entsprechende Maschenanzahl aufstricken (siehe Seite 136).

– Am Reihenende

entsprechende Maschenanzahl aufschlingen (siehe Seite 138).

– In der Reihe

Aus 1 Masche der Vorreihe 2 Maschen stricken. Dazu die Arbeitsnadel von links nach rechts durch die Masche stechen, Arbeitsfaden durchholen (rechte Masche), diese jedoch nicht von der Nadel gleiten lassen, sondern gleich nochmals von rechts nach links durch die Masche stechen und den Arbeitsfaden durchziehen (das ist die rechts verschränkte Masche).

***Abnehmen:***

Es gibt verschiedene Methoden.

– 2 Maschen zusammenstricken

Dazu wird von links nach rechts zuerst in die 2. Masche, dann in die 1. Masche eingestochen und der Arbeitsfaden durch beide Maschen hindurchgezogen.

– Maschen überziehen

Man hebt die 1. Masche ab, strickt die nächste und zieht die abgehobene Masche über die gestrickte. Sollen 2 Maschen abgehoben werden, kann man die 1. Masche abheben, die nächsten beiden zusammenstricken und die abgehobene Masche über die zusammengestrickte ziehen.

– Abketten

Das geschieht, wenn am Reihenanfang oder -ende Maschen abgenommen werden sollen.

Die ersten beiden Maschen werden im Muster der Strickarbeit abgestrickt. Dann die zuerst gestrickte Masche mit der Maschennadel von links nach rechts durchstechen und über die 2. ziehen. Die nächste Masche strikken, die dahinterliegende darüberziehen usw. Zum Schluß Arbeitsfaden abschneiden, durch die letzte Masche ziehen und vernähen.

Zur Beachtung: Je nachdem, mit welcher Methode abgenommen wird, neigt sich das Maschenbild der Strickerei nach rechts oder links. In Arbeitsbeschreibungen ist meist dargestellt, wie abgenommen werden soll.

***Knopflöcher*** (siehe Abb. unten):

– waagerecht

An der Knopflochstelle werden in Knopfbreite Maschen abgekettet. In der Rückreihe schlägt man die Anzahl abgeketteter Maschen wieder an.

– senkrecht

Die Arbeit muß dort, wo das Knopfloch beginnt, geteilt werden. Man nimmt die linke Seite auf eine Hilfsnadel und strickt zuerst die rechte Seite in Knopflochhöhe,

dann die linke Seite hoch und schließlich wieder auf einer Nadel über das Knopfloch hinweg.

– rund

In der Strickreihe wird 1 Umschlag gebildet (Arbeitsfaden einmal um die Arbeitsnadel schlingen), und die beiden nachfolgenden Maschen werden zusammengestrickt. In der nächsten Reihe den Umschlag entsprechend dem Muster abstricken.

***Neuen Faden beginnen:*** Da ein Anknoten oder Einstricken des Fadens unschön im Strickstück zu sehen ist, sollte man einen neuen Faden immer am Rand beginnen und die letzte oder erste Masche der Reihe mit dem neuen Faden abstricken.

Beim Farbwechsel innerhalb der Reihe holt man den neuen Faden als Schlinge durch und vernäht später das Fadenende. Der alte Faden wird nicht abgeschnitten, sondern läuft lose auf der Rückseite des Strickstückes weiter. Die Randmaschen werden mit beiden Fäden gestrickt.

***Maschenprobe:*** Für größere Strickarbeiten ist eine Maschenprobe, etwa 12 cm mal 12 cm zu stricken. Darauf mit Stecknadeln ein Quadrat von 10 cm mal 10 cm markieren und in diesem Quadrat die Maschenanzahl in der Reihe und die Reihenanzahl in der Höhe auszählen. Danach läßt sich der Maschenanschlag für eine umfangreiche Strickerei berechnen oder man hat Vergleichsmöglichkeiten mit den Angaben aus einer Arbeitsanleitung.

Ergeben 26 Maschen und 38 Reihen beispielsweise 10 cm im Quadrat, braucht man für einen 20 cm breiten und 1 m langen Schal einen Maschenanschlag von etwa 52 Maschen und strickt 380 Reihen.

## Vorschläge zum Nacharbeiten: Stricken (siehe Farbteil „Stricken“)

***Ringelstulpen, Tasche, Schal und Mütze***

**Material:** mittelstarke, farblich passende Wollreste (Ringelstulpen etwa 90 g; Tasche etwa 50 g; Schal etwa 140 g; Mütze etwa 50 g)

**Arbeitsanleitung:** Je nachdem, wieviel Wollreste zur Verfügung stehen, können die verschiedenen Strickarbeiten als passendes Bekleidungszubehör gearbeitet werden.

Für die Ringelstulpen (Stricknadel Stärke $2^{1}/_{2}$) 50 Maschen (22 cm) anschlagen und ein Rechteck stricken. 5 cm als oberen Rand im Streifenmuster arbeiten, entweder 2 rechte Maschen, 2 linke Maschen in der Reihe oder 1 rechte, 1 linke Masche. Danach 20 cm glatt rechts strikken und mit 5 cm Rand in der gleichen Weise wie am Anfang enden. Das Rechteck zusammennähen. Geübte stricken mit einem Nadelspiel gleich rund.

Für die Tasche als oberen Rand 30 Maschen anschlagen (gleiche Nadelstärke) und bis zur gewünschten Größe ein Rechteck glatt rechts oder im Rippenmuster stricken. Das Rechteck so zusammennähen, daß entweder ein offener Beutel oder ein Täschchen mit Verschlußklappe entsteht. Die Ränder können zusätzlich mit festen Maschen umhäkelt werden. Gedrehte oder geknüpfte Schnur als Henkel anbringen (siehe Seiten 149, 150). Eventuell abfüttern.

Für den Schal 40 Maschen anschlagen (gleiche Nadelstärke). Bis zur gewünschten Schallänge nur rechte Maschen stricken oder in der Reihe 1 rechte, 1 linke Masche im Wechsel. Als Abschluß Fransen einknüpfen oder Pompons annähen.

Für die Mütze 96 Maschen (42 cm) anschlagen (gleiche Nadelstärke). Auf kurzer Rundstricknadel zur Runde schließen und 12 cm hoch in Runden nur rechte Maschen stricken. Danach noch 6 cm (18 Reihen) mit Nadelspiel arbeiten, wobei in der 4., 6., 10., 12., 16. und 18. Runde an jeweils 12 Stellen 2 Maschen zusammengestrickt werden. Die restlichen Maschen mit Faden zusammenziehen. Zur Verzierung seitlich Pompons annähen oder in Mützenmitte gedrehte Schnur befestigen und am Ende so verknoten, daß eine Quaste entsteht. Man kann auch eine gehäkelte Schnur in Mützenmitte annähen und am Ende einige Pompons befestigen (siehe Seite 148).

*Pullover*

**Material:** etwa 300 g mittelstarkes Wollgarn (farblich passende Reste)

**Arbeitsanleitung:** Maschenprobe im Rippenmuster stricken. Hüftumfang messen. Anzahl der anzuschlagenden Maschen berechnen. Zwei Rechtecke (Vorder- und

Puppenbekleidung

Rückenteil) etwa 30 cm lang stricken. Beide Ärmel und das Oberteil (Passe) in einem Stück arbeiten. Dazu Maschen in 40 cm Breite anschlagen, etwa 40 cm stricken, dann die Arbeit für den Halsausschnitt teilen. Nach 20 cm wieder über alle Maschen stricken, etwa 40 cm lang. Zum Schluß Oberteil an Vorder- und Rückenteil anhäkeln, Seiten- und Ärmelnähte durch Zusammenhäkeln schließen.

***Strickkostüm für „Emma"*** (Abb. Seite 143)
**Material:** 40 g mittelstarkes Wollgarn

**Arbeitsanleitung:** Emmas Pullover wird wie der eben beschriebene Pullover gestrickt.

Der Rock besteht aus einem gestrickten Rechteck. 1 cm vom oberen Rockrand entfernt arbeitet man eine Reihe mit Löchern zum Einziehen einer Schnur (siehe Seite 141). Seitennaht schließen, Schnur einziehen.

Pullover und Rock mit gehäkelten Picots verzieren. Alle Maße sind dem Schnittmuster für das Nähen der Stoffpuppe zu entnehmen (Abb. Seite 42).

# Ornamente

## Nähen

# Applikation

F 5

Sticken

F 7

# Weben

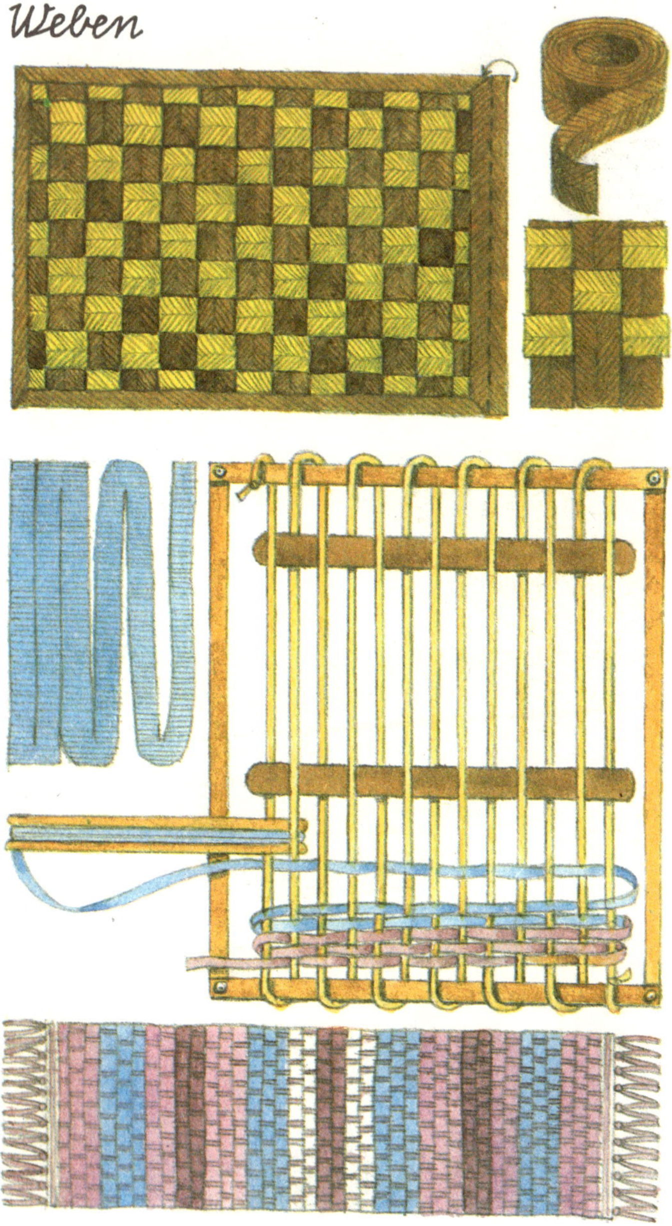

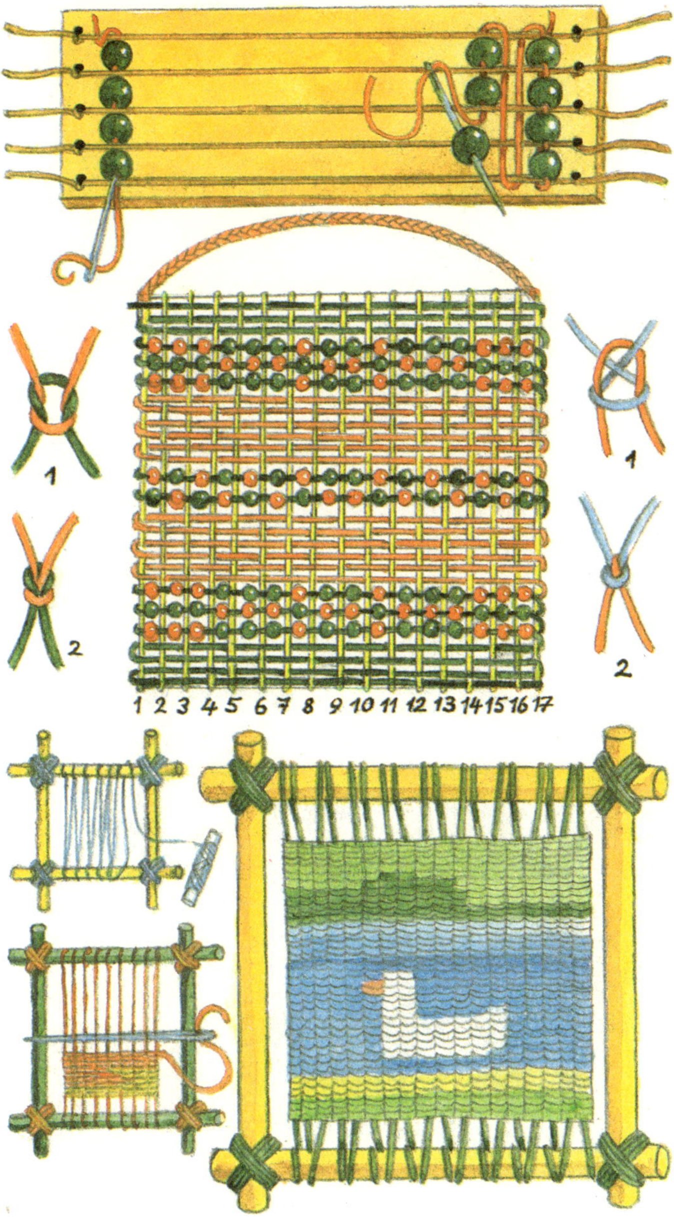
1
2
1
2
1 2 3 4 5 6 7 8 9 10 11 12 13 14 15 16 17

# Häkeln

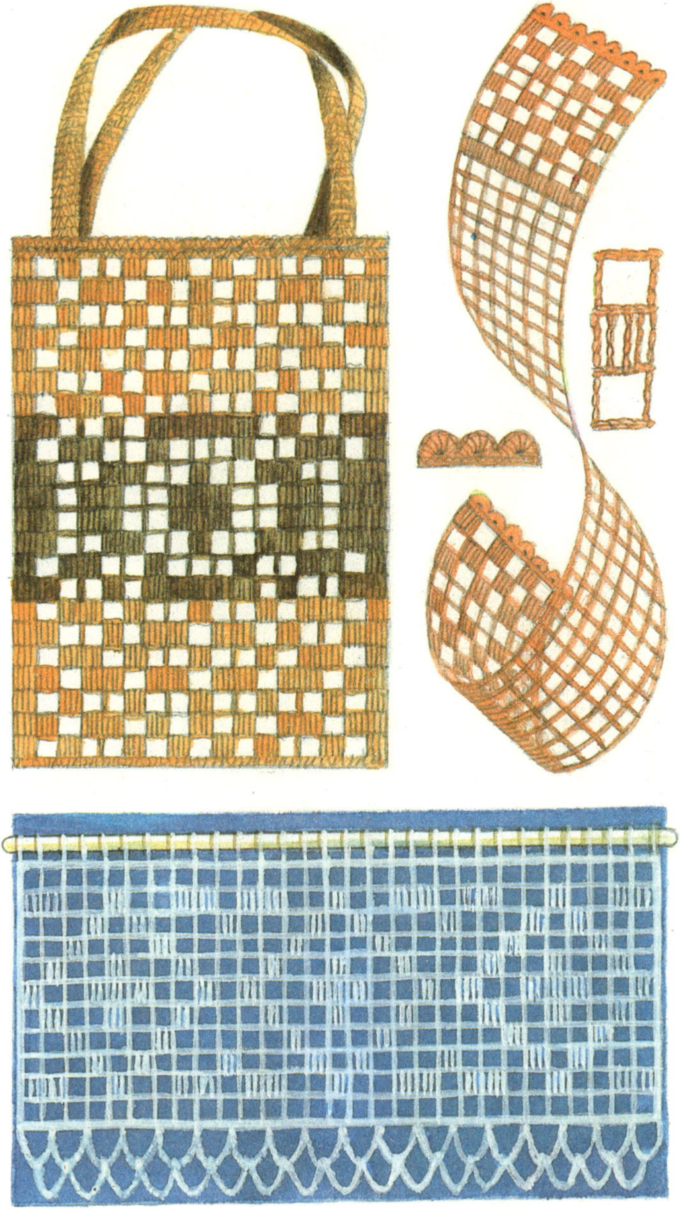

F 11

# Knüpfen

# Makramee

# Stricken

F 15

# Fransen, Quasten, Pompons, Schnüre

# Fransen, Quasten Pompons, Schnüre

● ***Fransen***

Fransen bilden an vielen Handarbeiten, wie Tischdecken, Schals oder Schultertüchern, eine schmückende Randbetonung.

***Einfacher Fransenabschluß am Stoffrand*** (Abb. Seite 146 a): Man zieht ungefähr 1 bis 1,5 cm vom Stoffrand entfernt 3 Gewebefäden aus dem Stoff und arbeitet an dieser Stelle Langettenstiche (siehe Seite 68). Sie befestigen den Stoffrand. Erst danach werden die restlichen Fäden ausgezogen.

***Geknoteter Fransenabschluß am Stoffrand*** (Abb. Seite 146 b): An den Stoffrändern sind Fäden in gewünschter Breite auszuziehen. Von den jetzt frei hängenden Fäden zählt man stets die gleiche Anzahl ab und verknüpft sie dicht am Stoffrand mit einem einfachen Knoten. Dieser Abschluß eignet sich auch für verschiedene Webarbeiten.

***Fransenabschluß durch Einhängen von Fäden in den Stoffrand*** (Abb. Seite 146 c): Um gleich lange Knüpffäden zu erhalten, wird das Garn um eine entsprechend lange Pappe gewickelt, und die Fäden werden an der unteren Pappkante aufgeschnitten. Die Fäden einzeln, gleichmäßig nebeneinander in den versäuberten Stoffrand einhängen. Dazu ist der Knüpffaden zur Hälfte zusammenzulegen und in der linken Hand zu halten. Nun sticht man mit der passenden Häkelnadel unmittelbar hinter dem Saum von unten nach oben durch den Stoff, zieht die Fadenschlinge durch und holt die Fadenenden durch die Schlinge. Anschließend werden die Fäden fest angezogen.

Man kann statt der Häkelnadel auch eine dicke Stopfnadel verwenden.

***Fransenabschluß an Strick- und Häkelarbeiten*** (siehe Abb. unten d und Farbteil „Fransen, Quasten, Pompons, Schnüre"):
Die Knüpffäden werden zugeschnitten und mit der Häkelnadel eingezogen, wie es im Abschnitt „Fransenab-

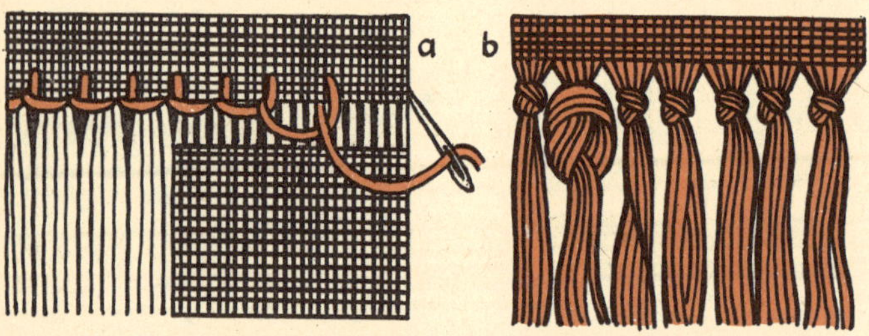


Fransenabschluß einfach   geknotet

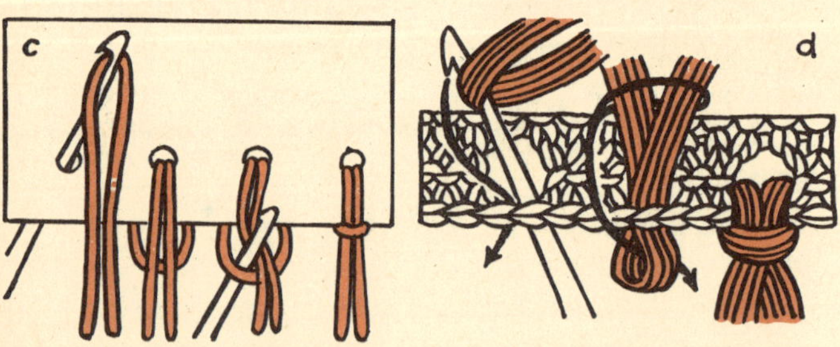


Einhängen von Fäden mit Durchzugsknoten

schluß durch Einhängen von Fäden in den Stoffrand" beschrieben ist. Man knüpft die Fransen in den Kettenrand der Strickarbeit oder in die Abschlußreihe der Häkelarbeit. Dabei werden jeweils mehrere Wollfäden zusammengelegt, durchgezogen und gemeinsam verknotet. Eine sehr dekorative Wirkung entsteht, wenn man die Fransen noch untereinander verknüpft.

● *Quaste* (siehe Abb. unten)
Zunächst ein Stück Pappe in der Länge der anzufertigenden Quaste schneiden und darauf die notwendige Garnmenge wickeln, bei dünnen Quasten weniger, bei dicken Quasten mehr Garn. Dann fädelt man einen Faden ein, läßt die Fadenenden gleich lang hängen und zieht den doppelten Faden an der oberen Pappkante unter dem aufgewickelten Garn hindurch. Der Doppelfaden wird gleich

Quaste

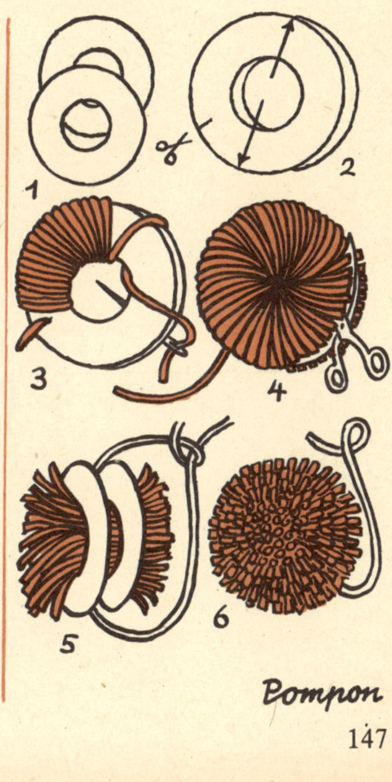

Pompon

hinter der Nadel abgeschnitten und zweimal verknotet. Dabei die Fäden fest anziehen!

Die Fadenenden dienen später dem Annähen der Quaste.

Jetzt wird das Garn an der unteren Pappkante aufgeschnitten, die Pappe entfernt und die Quaste mit Garn abgebunden. Dazu wickelt man einen entsprechend langen Faden fest um den oberen Teil der Quaste und vernäht die Fadenenden.

● ***Pompon*** (Abb. Seite 147)
Man fertigt mit Hilfe von Zirkel und Schere zwei gleich große Pappringe an. Der Durchmesser der Pappringe entspricht der Pompongröße. Der Durchmesser des Loches in der Mitte, das auszuschneiden ist, sollte etwa der Breite des verbleibenden Pappringes entsprechen. Die Pappringe sind aufeinanderzulegen und an einer beliebigen Stelle des Außenrandes geringfügig einzuschneiden. In diesen Einschnitt kann das Ende des Wollfadens eingeklemmt werden. Dann den Wollfaden gleichmäßig dicht nebeneinander um die Pappringe wickeln. Dazu eine Nadel mit ziemlich langem Faden (oder ein Schlingenknäuel – siehe Seite 82) wiederholt durch das Loch in der Mitte führen. Ist ein Wollfaden verbraucht, kann der nächste auf gleiche Weise verarbeitet werden, bis das Loch ausgefüllt ist. Nun schneidet man die Wolle am Außenrand der Ringe vorsichtig auf und zieht die Pappringe ganz wenig auseinander. Den dazwischen sichtbar werdenden Fadenstrang mit einem festen Faden umwickeln, abschließend gut verknoten. Der Faden sollte so lang sein, daß man ihn auch gleich zum Befestigen des Pompons an der jeweiligen Handarbeit benutzen kann. Schließlich werden die Pappringe aufgeschnitten und entfernt.

Erscheint die Wollkugel uneben, sind die überstehenden Fäden abzuschneiden.

● *Schnüre* (siehe Abb. unten)

***Gedrehte Schnur:*** Den Arbeitsfaden für das Schnurdrehen in erforderlicher Länge abschneiden. Er muß fünfmal so lang sein wie die fertige Schnur.

Bei kurzen Schnüren die Fadenenden zusammen in die linke Hand nehmen und durch die Schlinge am anderen Ende ein Stäbchen (Bleistift) stecken. Dieses wird so lange nach rechts gedreht, bis sich eine starke Spannung bemerkbar macht. Dann wird das Stäbchen herausgezogen und sogleich auch dieses Ende der nun fest zusammengedrehten Schnur in die linke Hand genommen. Unten zeigt sich wieder eine Schlinge, durch die erneut das Stäbchen gesteckt wird. Man dreht jetzt nach links, bis sich die Schnur wiederum fest zusammengedreht hat. Die Kordel ist fertig.

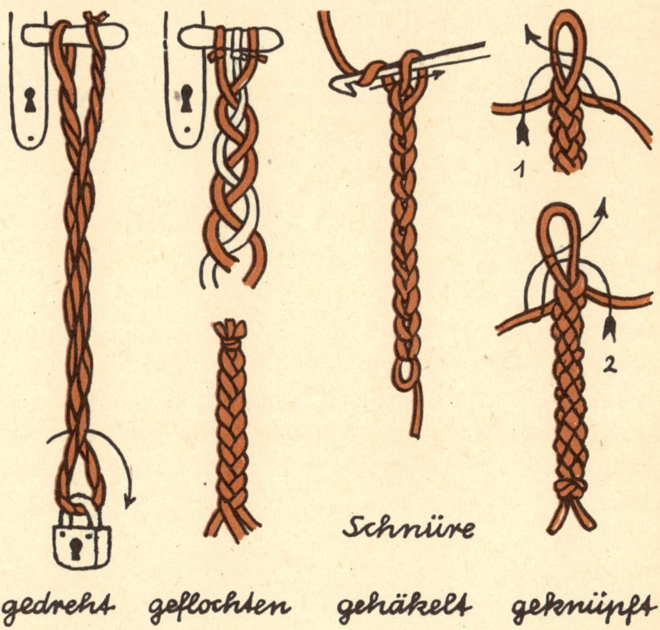

Bei längeren Schnüren wird der zusammengelegte Arbeitsfaden am oberen Ende an einem Haken, beispielsweise an der Türklinke, befestigt. Man bringt ein Stäbchen in die Schlinge am unteren Ende und dreht wie bei kurzen Schnüren ständig nach rechts (Stäbchen entfernen). Über die fest gedrehten Fäden wird dann bis zur Mitte ein beschwerender Gegenstand geschoben (kleines Schloß oder Schlüsselbund). Das befestigte Schnurende abschneiden, die Enden zusammenlegen und frei in der Hand halten. Die Schnur mit der Beschwerung beginnt sich zu drehen. Hört die Drehung auf, ist die Schnur fertig. Die Enden müssen nur noch verknotet und gerade geschnitten werden.

***Gehäkelte Schnur:*** Entsprechend der Schnurlänge eine Luftmaschenkette häkeln. Reicht die entstandene Schnurstärke nicht aus, kann als Rückreihe in jede Luftmasche eine Kettmasche (Abb. Seite 97) gearbeitet werden.

***Geflochtene Schnur:*** Für eine geflochtene Schnur verkreuzt man die Fäden miteinander. Eine dreifädige Schnur wird wie ein Haarzopf geflochten. Zum Üben 3 verschiedenfarbige Fäden benutzen. Die Fadenenden an einer Türklinke festbinden. Sind die Fäden gelb, blau, rot, so wird der gelbe Faden über den blauen, der rote über den gelben, der blaue über den roten gelegt und weiter so im Wechsel. Zum Schluß die Schnur abschneiden und an den Enden einen Knoten schlingen.

***Geknüpfte Schnur:*** Benötigt werden zwei Arbeitsfäden, die jeweils dreimal so lang sein müssen wie die zu knüpfende Schnur. Zum Üben am besten zwei verschiedenfarbige Fäden schneiden, zum Beispiel gelb und blau. Die beiden Fäden am oberen Ende verknoten. In der rechten Hand den rechten Faden (gelb), in der linken Hand den linken Faden (blau) halten. Mit der rechten Hand den gelben Faden zu einer verdrehten Schlinge legen und mit dem rechten Zeigefinger den blauen Faden als neue Schlinge hindurchziehen. Mit der linken Hand den gelben Faden fest anziehen, wodurch sich die erste Schlinge schließt. Durch die nun vorhandene blaue Schlinge mit dem linken Zeigefinger den gelben Faden holen. Mit der rechten Hand wird der blaue Faden wiederum fest angezogen. Die Arbeit liegt also abwechselnd auf dem linken und auf dem rechten Zeigefinger. Daumen und Mittelfinger halten die Arbeit. Man setzt fort, bis die gewünschte Länge der Schnur erreicht ist. Zum Schluß den Faden der letzten Schlinge nach oben herausziehen und vernähen.

Die Schnur kann bei dünnerem Garn auch aus Doppelfäden geknüpft werden.

# Pflegetips für Handarbeiten

● *Waschtips*

Die meisten Handarbeiten können wie Feinwäsche mit entsprechenden Feinwaschmitteln in reichlich Wasser gewaschen werden. (Gebrauchsanweisung der Waschmittel beachten!)

Gehäkelte und gestrickte Sachen aus Garn sowie Wollstickereien und Webarbeiten in handwarmem Wasser mit Feinwaschmittelzusatz kurz einweichen und leicht ausdrücken, schließlich mehrmals handwarm spülen. Die Sachen nie reiben! Ein Spülmittelzusatz in das letzte Spülbad ist möglich. Bei farbempfindlichen Handarbeiten etwas Essig ins Spülwasser geben.

Kochfeste Stickereien oder stark verschmutzte weiße Häkel- bzw. Strickarbeiten aus Baumwolle lassen sich wie übliche Kochwäsche behandeln. Beim Waschen in der Waschmaschine sollten sie zum Schutz in einen Kopfkissenbezug gesteckt werden. Dem letzten Spülbad ebenfalls Spül- oder Stärkemittel zusetzen.

Handarbeiten dürfen nicht gewrungen und nicht in der Sonne oder am Ofen getrocknet werden. Man kann sie in einer Schleuder leicht anschleudern oder in Frottiertüchern einrollen und leicht klopfen. Strick-, Häkel- und

Webarbeiten sind auf einem zweiten Frottiertuch in Form zu ziehen und zum Trocknen hinzulegen.

Handtuch eventuell nochmals wechseln.

Strick- und Häkeldecken spannt man meist (siehe Seite 154).

Stickereien werden aufgehängt.

Handarbeiten lassen sich leichter bügeln, wenn sie noch etwas feucht sind.

● ***Säubern nicht waschbarer Handarbeiten***

Basthäkeleien, Knüpfarbeiten aus Bindfäden, Tüllapplikationen und andere empfindliche Handarbeiten, die bei der Ganzwäsche Schaden nehmen, werden mechanisch oder chemisch gereinigt. Den Oberflächenschmutz (Staub) beseitigt man durch leichtes Ausschütteln, Ausklopfen oder Ausbürsten. Bei wasserempfindlichen Materialien einzelne Flecke zuerst mit kaltem, dann mit warmem Wasser ausreiben. (Wirkung vorher an nicht sichtbarer Stelle ausprobieren.)

Fleckenentfernungsmittel dürfen nur Erwachsene anwenden, wobei die Gebrauchsanweisung streng zu beachten ist. Bei stärkerer Verschmutzung sollte das Säubern dem Fachmann in der Textilreinigung überlassen werden.

● ***Bügeln und Dämpfen***

Handarbeiten müssen vorsichtig gebügelt werden. Wichtig ist, die richtige Bügeltemperatur einzustellen und das Bügeleisen nur leicht auf dem Plättgut hin und her zu bewegen.

Synthetische Fasern und Kunstseide bügelt man mit niedrigen Temperaturen, Wollsachen mit mittleren und Baumwolle mit etwas höheren Temperaturen (siehe Einstellskale des Reglerbügeleisens).

Applikationen werden mit einem aufgelegten trockenen Tuch zuerst leicht auf der Vorderseite, dann auf der Rückseite gebügelt.

Stickereien auf Baumwolle und Leinen sind auf weicher Unterlage auf der Rückseite zu bügeln, damit die Stickerei auf der Vorderseite plastisch hervortritt. Man legt ein feuchtes Tuch auf, bügelt kurz, entfernt das Tuch und bügelt die jetzt angefeuchtete Stickerei trocken.

Gewebte, gehäkelte und gestrickte Arbeitsstücke aus Garn werden gedämpft. Dazu legt man auf der Vorderseite ein feuchtes Tuch auf und setzt das heiße Bügeleisen kurz von Stelle zu Stelle (nicht schieben!).

Wollstickereien ebenfalls dämpfen.

Gespannte und gestärkte Zierdecken sind nach dem Trocknen nochmals von der Rückseite aus zu glätten.

### • *Spannen von Zierdecken*

Zierdecken nach dem Waschen in feuchtem oder trockenem Zustand spannen. Das geschieht auf einer festen Unterlage (Bügelbrett, Matratze, Teppich, Wolldecke), die mit einem weißen Tuch bedeckt wird. Um eine gleichmäßige Form der Decke zu erreichen, kann man außerdem eine auf weißem Papier angefertigte Umrißzeichnung der Decke auf die Unterlage stecken. Die Zierdecke mit der linken Seite nach oben darauf legen und in der Mitte der Randmaschen mit rostfreien Stecknadeln feststecken. Trocken gespannte Decken mittels Schwamm mit handwarmem Wasser und Stärkemittelzusatz anfeuchten. Die Stecknadeln erst nach völliger Trocknung entfernen.

### • *Ausbessern von Kleidung, Wäsche und anderen Textilien*

**Stoffrand befestigen:** Ist ein Saum ausgerissen, näht man ihn mit entsprechendem Garn in Saum- oder Hohlstich (Abb. Seite 22) nach, wobei einige Zentimeter vor der schadhaften Stelle zu nähen begonnen und etwas dahinter aufgehört wird.

Ausgefranste Stoffränder sind mit überwendlichen Stichen oder Langettenstichen (siehe beide Abb. Seite 22) zu umstechen.

**Stopfen:** Allgemein gilt, daß der zum Stopfen verwendete Faden in Farbe, Stärke und Material dem zu stopfenden Gegenstand entsprechen muß. Man verwendet zum Beispiel Wollfäden für Wollsocken, Baumwoll-

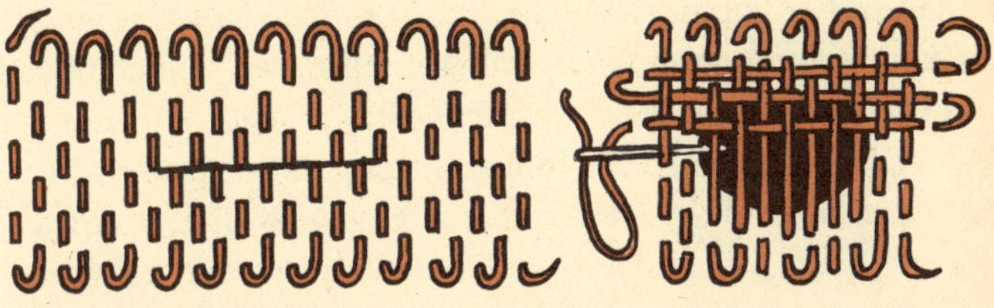

Stopfen eines Risses und eines Loches

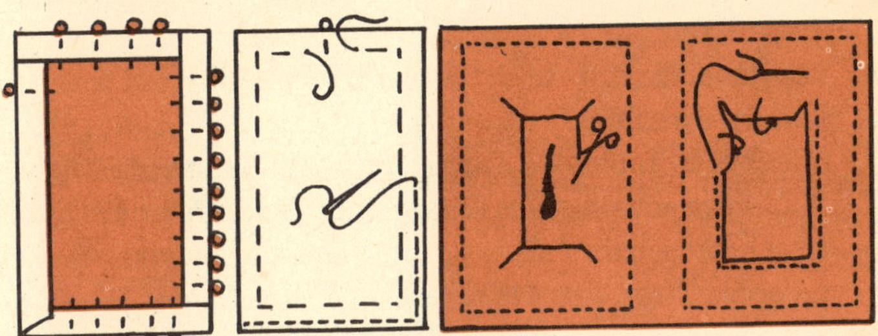

Untersetzen eines Flickens

stopftwist für Baumwollsocken oder Trikotwäsche, einen ausgezogenen Gewebefaden aus dem zu reparierenden Bekleidungsstück (Faden an nicht sichtbarer Stelle oder aus einem Stoffrest ausziehen).

Es darf nicht zu fest gestopft werden, damit sich der Stoff auch nach dem Waschen nicht verzieht. Beim Wenden des Fadens beläßt man deshalb eine kleine Schlinge. Gestopft wird von rechts, also auf der Vorderseite des Gewebes.

– Dünne Gewebestellen ausbessern

Man kann vorsorglich Fäden in Längsrichtung einstopfen oder an geeigneten Stellen Applikationen aufnähen, wie Lederflecken an Ellbogen und Knien (siehe Seite 57).

– Risse stopfen (Abb. Seite 155)

Bei geraden und schrägen Rissen verlaufen die Stopffäden stets im Fadenverlauf des Gewebes. Gerade waagerechte Risse werden in senkrechtem Fadenverlauf gestopft, senkrechte Risse in waagerechtem Fadenverlauf. Man beginnt etwa 1 cm vom Riß entfernt im noch unversehrten Gewebe, um der Stopfstelle den notwendigen Halt zu geben. Am Riß selbst werden abwechselnd dichte Stiche auf beiden Seiten des Risses ausgeführt, um den Stoff wieder zusammenzufügen. Beim Wenden Schlinge lassen.

Schräge Risse überstopft man fadengerade waagerecht und senkrecht.

Zweckmäßig ist es, die Risse vor dem Stopfen lose aneinanderzuheften.

– Löcher stopfen – Gitterstopfe (Abb. Seite 155)

Bei Löchern sind die Längs- und Querfäden des Gewebes zerrissen oder fehlen ganz. Man repariert mittels Gitterstopfe. Dazu werden die Stopffäden zuerst dicht in Längsrichtung (senkrecht) über dem Loch gespannt und dann in Querrichtung (waagerecht) verstopft. Mit dem Einziehen der Längsfäden 1 cm vom Lochrand entfernt, also im noch unversehrten Gewebe, beginnen. Über dem Loch die Längsfäden spannen und erneut 1 cm oberhalb und unterhalb des Loches verstopfen. Beim Wenden auf der Rückseite Schlinge belassen!

Die Querfäden werden eingestopft, indem stets ein Längsfaden von der Nadel angehoben, einer übergangen wird.

In der nächsten Reihe arbeitet man versetzt, der zuvor übergangene Faden wird nun angehoben.

Bei gewölbtem Stopfen (Socken) kann ein Stopfpilz verwendet werden, ebene Flächen stopft man ohne Stopfhilfe.

**Flicken:** Zum Flicken verwendet man möglichst den Grundstoff, der bereits gewaschen und gebügelt sein muß.

Im Handel gibt es auch aufbügelbare Flicken als Repatex-Textilreparatur.

– Flicken aufbügeln

Größere Löcher im Gewebe lassen sich mit den aufbügelbaren Flicken reparieren. Voraussetzung ist allerdings, daß die Gewebe hohe Bügeltemperaturen vertragen. Eine Gebrauchsanweisung liegt der Repatex-Textilreparatur bei.

– Flicken untersetzen (Abb. Seite 155)

Die schadhafte Stelle wird ausgemessen und fadengerade ein Flicken mit 2 cm Stoffzugabe an allen Rändern zugeschnitten. Man schlägt den Flicken an den Rändern schmal nach rechts – also zur Vorderseite – um und steckt den Rand von links mit Stecknadeln fest. Der Flikken wird so unter die schadhafte Stelle gelegt, daß der festgesteckte Umschlag zur Stoffunterseite hingewendet liegt.

Jetzt heftet man den Flicken von links auf, wobei die Stecknadeln nacheinander herausgezogen werden.

Beim Nähen nicht an einer Ecke beginnen.

Anschließend wird der Flicken von links mit Saumstich (siehe Seite 25) festgenäht oder mit der Maschine unweit der Kante festgesteppt. Dann schneidet man von rechts die beschädigte Stelle gerade aus dem Wäschestück heraus. An den Ecken wird der verbleibende Stoff leicht eingeschnitten, die Ränder werden nach innen umgekippt und festgeheftet. Anschließend befestigt man die Ränder dicht an der Kante mit Steppstich.

Die Heftfäden sind wieder zu entfernen.

● *Ausbessern von Applikationen, Stickereien, Web- und Knüpfarbeiten*

Hat sich bei Applikationen oder Stickereien ein Zweck- oder Zierstich gelöst, arbeitet man in gleichem Stich mit entsprechendem Garn nach.

Beschädigte Webarbeiten werden mit passendem Material im Stopfstich repariert (siehe „Gitterstopfe", Seite 156).

Bei schadhaften Teppichknüpfarbeiten sind mit passendem Material neue Knoten einzufügen.

In Makrameearbeiten muß man zerrissene Fäden zusammennähen oder neue durch Annähen einfügen und den entsprechenden Knoten nacharbeiten.

● *Ausbessern von Häkelarbeiten*

Löcher in Häkelarbeiten werden geschlossen, indem man das Loch mit passendem Garn im gleichen Häkelmuster schließt. Kleinere Risse lassen sich mit Nähgarn zusammennähen.

● *Ausbessern von Strickarbeiten*

**Dünn gewordene Stellen ausbessern:** Die dünnen Maschenfäden im Maschenstich nachnähen (siehe „Risse schließen") oder eine Applikation aufnähen (siehe Seite 57).

Schon beim Herstellen einer Strickarbeit kann an den empfindlichen Stellen (Knie/Ellbogen) ein Flicken untergesetzt werden, der aus dem gleichen Garn wie das Strickstück in Rechtsmaschen gearbeitet wurde. Möglich ist auch, diese Stellen mit 2 Fäden (Haupt- und Beifaden) zu stricken.

**Risse schließen, 2 Strickteile verbinden:** In diesen Fällen eine Stricknaht im Maschenstich arbeiten. Dazu die freien Maschen der oberen und unteren Reihe auf Stricknadeln heben, damit sich keine Laufmaschen bilden. Einen passenden Arbeitsfaden in eine stumpfe Stopfnadel fädeln und von rechts nach links arbeiten, indem abwechselnd oben und unten jeweils 2 Maschen von der Stopfnadel erfaßt und die durch den Arbeitsfaden gesicherten Maschen von der Stricknadel abgehoben werden.

**Löcher schließen:** An nicht sichtbaren Stellen kann man die Gitterstopfe anwenden (siehe Seite 156). Die Längsfäden werden nebeneinander jeweils zwischen 2 Maschen eingezogen, die Querfäden verlaufen in Richtung der Maschenreihen. Das Gestrick ist an der gestopften Stelle jedoch wenig dehnbar.

Bei größeren Löchern sollte man deshalb ein der Lochgröße entsprechendes Strickstück anfertigen und dieses im Maschenstich einnähen.

**Gefallene rechte Maschen heben:** Dazu wird eine Häkelnadel von vorn in die heruntergefallene Masche eingestochen, der darunterliegende Faden der nächsten Maschenreihe erfaßt und durch die Masche hindurchgezogen. Man setzt in allen Reihen so fort, bis die Masche bei unfertigen Strickarbeiten wieder auf der Stricknadel liegt oder bei Reparaturen angenäht werden kann.

Beim Annähen wird eine freie Masche mit einem farblich passenden dünnen Nähfaden wie beim Stopfen mit danebenliegenden Maschen der gleichen Reihe verbunden oder mit dem Strickfaden im Maschenstich befestigt.

# Sachverzeichnis

# Inhaltsverzeichnis

# Empfehlenswerte Bücher und Zeitschriften

Nachfolgende Bücher und Zeitschriften – meist für Erwachsene geschrieben – sind in Bibliotheken auszuleihen:


- Autorenkollektiv „Handarbeitstechniken“ (Verlag für die Frau, Leipzig)
- Autorenkollektiv „Techniken des bildnerischen Gestaltens“ (Volk und Wissen, Volkseigener Verlag, Berlin)
- Bohne-Fiegert, I. „Künstlerische Textilgestaltung“ (VEB Fachbuchverlag, Leipzig)
  „Applikation“ (VEB E.A. Seemann Verlag, Leipzig)
  „Kelim“ (VEB E.A. Seemann Verlag, Leipzig)
  „Textilien selbst gestaltet“ (Zentralhaus für Kulturarbeit der DDR, Leipzig)
- Chazan, E. M. u. Zaruk, W. W. „Strickbuch“ (Verlag Mir, Moskau, Verlag für die Frau, Leipzig)
- Janusch, A. „Unser Schneiderbuch“ (Verlag für die Frau, Leipzig)
- Kürth, H. „Geschickte Hände“ (Rudolf Arnold Verlag, Leipzig)
- Löbel, E. „Kunst selbst gestaltet“ (Urania-Verlag, Leipzig, Jena, Berlin)
- Richter, J. „Makramee“ (Rudolf Arnold Verlag, Leipzig)
- Schölzel, M. u. Findeisen, S. „Das bunte Bastelbuch“ (Rudolf Arnold Verlag, Leipzig)
- Töpelmann, A. „Falten und schneiden“ (Der Kinderbuchverlag Berlin)

Zeitschriften: „Die Handarbeit“
„guter Rat“
„Modische Maschen“
Sonderhefte Kindermodelle
Sonderhefte für einzelne Handarbeitstechniken, zum Beispiel „Kreuzstich“, „Häkelmuster“
(alle: Verlag für die Frau, Leipzig)

URSULA WINNINGTON

# Kleines Kochbuch für Kinder

Illustrationen von Rita Bellmann
zahlreiche Abbildungen
Für Leser von 10 Jahren an

Was brauchst du zum Kochen? Zutaten natürlich: ein bißchen Entdeckerfreude, ein bißchen Spaß am Experimentieren, eine gute Prise Phantasie. Und natürlich auch Verstand! Die vielen Rezepte, die hier aufgeschrieben sind, kannst du nahezu kinderleicht in appetitliche Gerichte oder leckere Nachspeisen, Kuchen oder Mixgetränke verwandeln. Und du findest in diesem Büchlein auch alles, was man sonst noch über das Kochen und die Ernährung wissen sollte. Vielleicht findest du es schon bald vergnüglich, Herr über Töpfe und Pfannen zu sein, und wirst vielleicht sogar Erfinder von Speisen, die in noch keinem Kochbuch der Welt verzeichnet sind …

Der Kinderbuchverlag Berlin

URSULA WINNINGTON

# Kleines Gewürzbuch für Kinder

Illustrationen von Gisela Röder
Für Leser von 10 Jahren an

Schon in alten Zeiten wußte man heimische Kräuter und exotische Gewürze zu schätzen. Doch leistete sich die teuren Spezereien aus fernen Ländern nur, wer sie auch bezahlen konnte. Und das waren wenige.
Heute sind Gewürze für uns erschwinglich geworden. Wer aber vermag mit ihnen richtig umzugehen?
Dieses Buch möchte vor allem den jungen Lesern alles Wissenswerte und historisch Interessante über Gewürze erzählen: woher sie kommen, wie sie beschaffen sind, wozu man sie verwendet, wie man sie aufbewahrt …
Und damit man sich selbst als Würzmeister erproben kann, sind auch viele, zumeist ungewöhnliche Rezepte aufgeschrieben.

Der Kinderbuchverlag Berlin

ISBN 3-358-00761-8

2. Auflage 1989

Lizenz-Nr. 304-270/410/89
Gesamtherstellung: Karl-Marx-Werk Pößneck V 15/30
LSV 7891
Für Leser von 10 Jahren an
Bestell-Nr. 632 082 7
00720

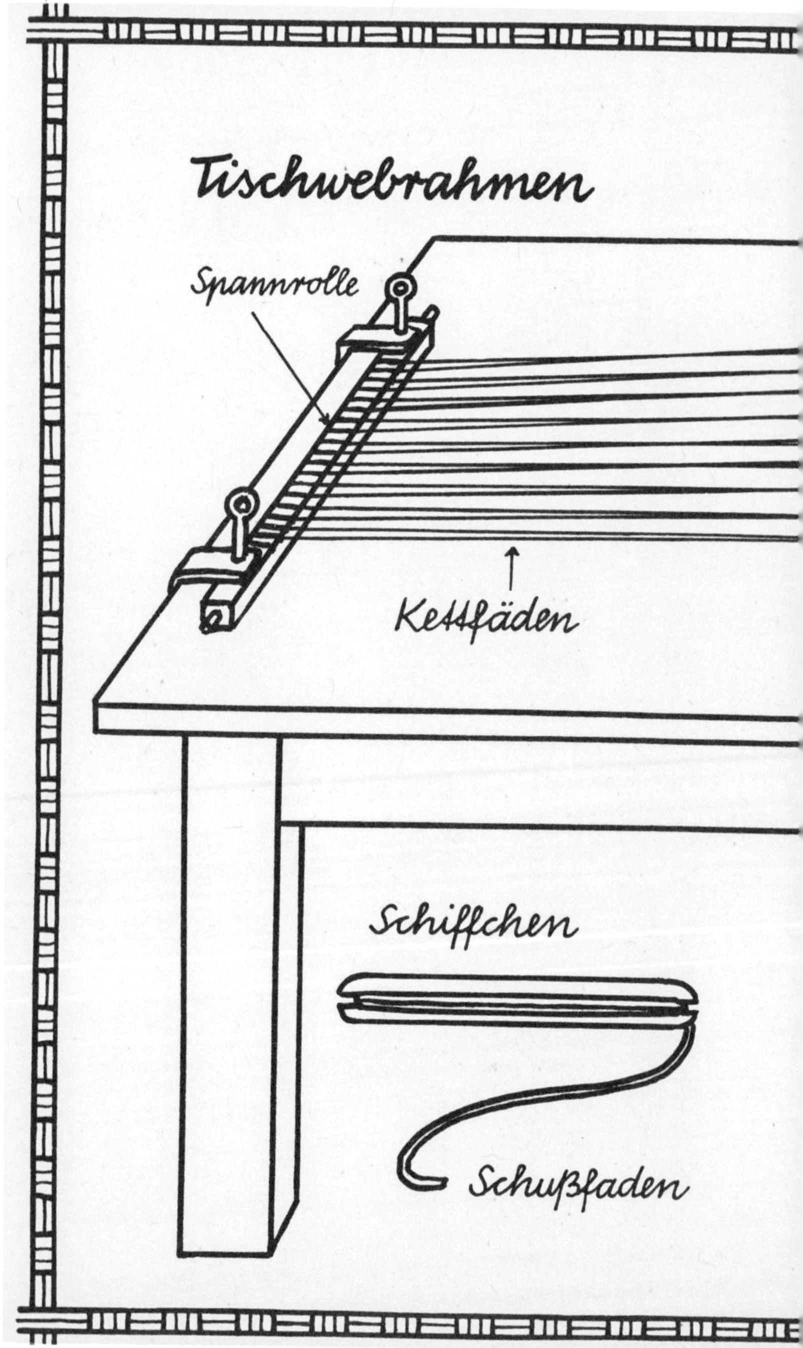
Tischwebrahmen
Spannrolle
Kettfäden
Schiffchen
Schußfaden